भूमिजा

राम-कथा काव्य लोक प्रसंग

'भूमिजा' के राम पूरी राम-कथा के राम से अधिक जनोनुकूल अन्ततः शाश्वत एवं सनातन हैं।

भूमिजा

नागार्जुन

सम्पादन

सोमदेव / शोभाकान्त

राधाकृष्ण प्रकाशन

ISBN : 978-81-7119-102-4

भूमिजा (काव्य)

आवृत्ति : 2001
वर्तमान संस्करण : 2024
मूल्य : ₹495

प्रकाशक
राधाकृष्ण प्रकाशन प्राइवेट लिमिटेड
जी-17, जगतपुरी, दिल्ली-110 051
शाखाएँ : अशोक राजपथ, साइंस कॉलेज के सामने, पटना-800 006
पहली मंजिल, दरबारी बिल्डिंग, महात्मा गांधी मार्ग, प्रयागराज-211 001
1, अनमोल सोराबजी संतुक लेन, धोबी तलाव, मरीन लाइंस, मुम्बई-400 002
वेबसाइट : www.radhakrishnaprakashan.com
ई-मेल : info@radhakrishnaprakashan.com

मुद्रक
बी.के. ऑफसेट
नवीन शाहदरा, दिल्ली-110 032

BHOOMIJA
Poetry by Nagarjun

दो शब्द

राम-कथा को प्रगतिशील यथार्थवादी जन दृष्टि से वैचारिक कसौटी पर परखने के उद्देश्य से कवि नागार्जुन ने राम-कथा के तीन प्रसंगों को चुना है। तीनों प्रसंग अयोध्या के राजतंत्रीय परिसर अथवा लंका विजय यात्रा के कूटनीति भरे परिवेश से सर्वथा दूर लोकभूमि में घटित होते हैं। यहाँ राम राजा की मर्यादा से बँधे हुए प्रौढ़ एवं तथाकथित पुरुषोत्तम राम नहीं हैं। वे तरुण-सुलभ कौतूहल से आह्लादित दाँव-पेंच से अनभिज्ञ रघुकुलीन अनुशासकीय सीमा से दूर वन प्रान्त में उस युग के महान क्रांतिकारी ऋषि विश्वामित्र से शिक्षा ग्रहण करते हुए मुक्त विचरण करते हैं। जन-हितैषी गुरुकुल संचालक ऋषियों के यज्ञ की रक्षा करते हुए राक्षसों को मारते हैं और पुरुष वर्ग के अविश्वास से अभिशप्त होकर पाषाणी बनी अहल्या को आत्म-चेतना दान कर पुनर्जीवित करते हैं। इन प्रसंगों में राम का व्यक्तित्व पूरा का पूरा लोकधर्मी रहा है, जिसे अभी तक राजधर्म का ग्रहण तक नहीं लगा है।

दूसरी ओर लोकतंत्री भूमि से उपजी 'भूमिजा' सीता है, जिसे अयोध्या बर्दाश्त नहीं कर पायी, तो उसे वाल्मीकि जैसे युग-द्रष्टा कवि का आश्रय मिलता है। वह अपने दोनों बच्चों को इसी लोक परिवेश में सामर्थ्यवान बनाती है। उन दोनों बच्चों को प्राप्त लोक संस्कार अयोध्या की झूठी मर्यादा को तोड़ने और राजधर्म को लोक-धर्म में बदलने में अवश्य ही समर्थ हुआ होगा। इस ओर कवि ने संकेत करना चाहा है। उन्होंने दिखाया है कि लव-कुश का व्यक्तित्व राम-लक्ष्मण की तुलना में तनिक भी छोटा नहीं पड़ता, वरन् ज्यादा प्रभावपूर्ण लगता है। इस दृष्टि से तुलना करने पर कवि का उद्देश्य परिलक्षित हो जाता है कि जिस रघुकुल रीति-नीति और प्रीति की बात अथवा रामराज्य के आदर्श की बात होती आई है, वह सीता के त्याग, तपस्या और साधना के समक्ष फीका है।

'भूमिजा' के राम पूरी राम-कथा के राम से अधिक जनोनुकूल अन्ततः शाश्वत एवं सनातन हैं। लोक-धर्म की इसी कसौटी पर कसने के लिए कवि नागार्जुन ने चतुर जौहरी की भाँति राम-कथा के विविध स्वर्णिम प्रसंगों में उन तीन प्रसंगों को ही चुना है, जो खुद ही बन गये हैं।

रचनाकार नागार्जुन

"पैदा हुआ था मैं—
दीन-हीन-अपठित किसी कृषक कुल में
आ रहा हूँ पीता अभाव का आसव ठेठ बचपन से
कवि? मैं रूपक हूँ दबी हुई दूब का
हरा हुआ नहीं कि चरने को दौड़ते ! !
जीवन गुजरता प्रतिपल संघर्ष में ! !"

हिन्दी और मैथिली साहित्य के विशिष्ट ही नहीं शीर्षस्थ रचनाकार श्री बैद्यनाथ मिश्र, जो मैथिली में यात्री और हिन्दी में नागार्जुन, का जन्म सन् 1911 की जेष्ठ पूर्णिमा को हुआ था। जन्म-स्थान ननिहाल (सतलखा, जिला मधुबनी, बिहार) है और मूल पैतृकवास स्थान ग्राम तरौनी है जो दरभंगा (बिहार) जिला में पड़ता है। पिता का नाम गोकुल मिश्र था और माँ थीं उमा देवी। पिता रूढ़िवादी, संस्कारहीन, अशिक्षित, लापरवाह, घुमक्कड़ और कठोर व्यक्तित्व के व्यक्ति थे। उमा देवी सरल हृदय, ईमानदार, परिश्रमी एवं दृढ़ चरित्र वाली महिला थीं। नागार्जुन जब छः वर्ष के ही थे तब ही उनकी माँ का देहान्त हो गया। नागार्जुन के गाँव में संस्कृत-अध्ययन की परम्परा थी उस समय। संस्कृत का ज्ञान ही सबसे बड़ा ज्ञान है—यह मान्यता गोकुल मिश्र जैसे अशिक्षितों में भी उस समय थी। अतः संस्कृत पाठशाला में प्राचीन पद्धति से शिक्षा शुरू हुई नागार्जुन की।

तेरह वर्ष की उम्र के आस-पास प्रथमा की परीक्षा देकर गाँव के ही पंडित अनिरुद्ध मिश्र से संस्कृत के कुछ छन्दों का व्यावहारिक ज्ञान प्राप्त किया। प्रथमा के बाद गनौली (ज़िला मधुबनी) फिर पचगछिया (ज़िला सहरसा) और जा पहुँचे बनारस संस्कृत में ही उच्च शिक्षा प्राप्त करने हेतु। वहीं शिक्षा ग्रहण के क्रम में

प्रख्यात मैथिली रचनाकार कविवर पंडित सीताराम झा से परिचय प्राप्त हुआ और उनसे भाषा, छन्द, अलंकार आदि का विशेष ज्ञान प्राप्त किया।

बनारस में ही संस्कृत के साथ-साथ मैथिली में रचना करने लगे। वहीं रहते हुए सामाजिक और राजनैतिक विषयों पर सोचने का सिलसिला भी शुरू हुआ। पंडिताऊपन में परिवर्तन आने के साथ ही आर्यसमाज के संस्कार से प्रभावित होने लगे। आर्यसमाजी संस्कार की तरफ झुकने के साथ बौद्ध-दर्शन की ओर प्रवृत्ति जगी। फिर बनारस की पढ़ाई छोड़ बौद्ध-दर्शन में विशेष जानकारी प्राप्त करने के लिए भारत के विभिन्न क्षेत्रों का भ्रमण करते हुए सन् 1936 ई॰ में लंका के विख्यात बौद्ध शिक्षण संस्थान विद्यालंकार परिवेण जा पहुँचे। वहीं नागार्जुन नाम से बौद्ध धर्म की दीक्षा ली। इस संस्थान में संस्कृत के माध्यम से व्याकरण और दर्शन के अध्यापन के साथ-साथ पाली भाषा के माध्यम से बौद्ध धर्म एवं बौद्ध साहित्य का अध्ययन करने लगे। नागार्जुन के बौद्ध संन्यासी बनने के पीछे बौद्ध धर्म समझने की उत्कट अभिलाषा थी न कि वैराग्य भावना। महापंडित राहुल सांकृत्यायन, भदन्त आनन्द कौसल्यायन, आचार्य जगदीश कश्यप, भगन्त शान्ति भिक्षु और नागार्जुन—पाँचों जाने-माने लोगों ने एक ही गुरु से बौद्ध धर्म की दीक्षा ली थी। पर नागार्जुन गुरुभाइयों की इस टोली में कुछ ही वर्ष रह पाये।

लंका में युवा ब्राह्मण बौद्ध संन्यासी को अपने देश में चल रही स्वतंत्रता आन्दोलन की खबरों के साथ ही जननी-जन्मभूमि की याद मन-प्राण को आलोड़ित करती रहती थी। भारतीय किसानों के नेता स्वामी सहजानन्द सरस्वती से पत्राचार चला और उन्हीं के आग्रह पर स्वदेश लौट आये नागार्जुन। पर उसी वर्ष (1938 ई॰) बिहार सरकार की ओर से एक अनुसंधान दल के साथ तिब्बत यात्रा पर निकल पड़े। तिब्बत से लौटते ही राजनीतिक आन्दोलन में सक्रिय रूप से भाग लेने लगे।

उस समय बिहार में किसान आन्दोलन ज़ोरों पर था। उसका नेतृत्व कर रहे थे नागार्जुन के अग्रज तुल्य महापंडित राहुल सांकृत्यायन। पहली गिरफ्तारी अभबारी (जिला छपरा, बिहार) के किसान सत्याग्रह के सिलसिले में हुई थी। पुनः सन् 1940 में नागार्जुन को गिरफ्तार किया गया। इस बार गुप्त रूप से परिपत्र छपवाने के आरोप में आठ मास का कारावास दिया गया। इन दोनों जेल-जीवन के दरम्यान उन्होंने समाजवादी-साम्यवादी विचारधारा पर गहन अध्ययन किया।

शादी तो सन् 1931 ई. में ही हो चुकी थी जब उन्नीस-बीस वर्ष के ही रहे होंगे पर अध्ययन, घुमक्कड़ी और राजनीति के कारण परिवार से सम्पर्क टूट-सा गया था। सन् 1941 ई. में पुनः अपने घर लौटे। गृहस्थाश्रम में पुनरागमन के बाद नागार्जुन के सामने सबसे प्रमुख प्रश्न यह था कि पत्नी और पिता का भरण-पोषण कैसे किया जाय। इस समय तक नागार्जुन का साहित्यिक स्वरूप भी निखर चुका था। पहली बार अपनी दो मैथिली कविताओं ('बूढ़वर' और 'विलाप') का एक अठपेजी बुकलेट छपवाकर खुद ही हाट-बाजार-रेल के डिब्बों में बेचने लगे। उससे समस्या का कोई सही निदान नहीं निकला। लुधियाना (पंजाब) जाकर वहाँ जैन मुनि उपाध्याय आत्माराम के साथ साहित्यिक कार्य करने लगे। इस कार्य में प्राकृत भाषा का ज्ञान काम आया। पर यायावरी प्रवृत्ति ने पुनः जोर मारा तो पत्नी को गाँव वापस छोड़ आये और खुद तिब्बत के थोलिंग महाविहार जा पहुँचे। पर वहाँ भी ज्यादा दिन नहीं रहे, शीघ्र ही वापस लौट आये। सन् 1943 ई. में पिता की मृत्यु हो जाने पर घर और पत्नी का पूरा भार कन्धों पर आ गया।

घुमक्कड़ी, बौद्धदर्शन या राजनीति को पेशे के रूप में नहीं अपनाया नागार्जुन ने। कविता और छोटे-छोटे निबन्ध, यात्रा प्रसंग लिखते ही रहते थे। सन् 1931 से ही पत्र-पत्रिकाओं में छपते रहे। अतः लेखन पर ही निर्भर रहने का संकल्प लेने में नागार्जुन को ज्यादा परेशानी न हुई होगी। कलम माँज ही चुके थे। फिर 1943 से बँगला और गुजराती के उपन्यासों के अनुवाद में अपने को लगाया। उपन्यास के अनुवाद के दौरान उन्हें यह लगने लगा कि जितना उनका स्वार्जित अनुभव है, उसे यदि सजाकर रखा जाये तो क्या हर्ज है। सन् 1946 ई. में 'पारो' नामक मैथिली उपन्यास लिखकर उपन्यासकार का जीवन आरम्भ किया। उसके बाद से अब तक हिन्दी और मैथिली में चौदह उपन्यास छप चुके हैं।

हिन्दी में पहला उपन्यास 'रतिनाथ की चाची' 1948 ई. में छपा। 1952 में 'बलचनमा' नामक उपन्यास का प्रकाशन हुआ। प्रेमचन्द के 'गोदान' के बाद नागार्जुन का 'बलचनमा' भारतीय किसानों में जागती हुई चेतना का संवाहक है। अपने हकों की लड़ाई के लिए प्रतिबद्ध और क्रांतिकारी चेतना के कारण बलचनमा ने हिन्दी कथा-पात्रों में महत्त्वपूर्ण दर्जा पा लिया।

हिन्दी कविताएँ और छोटे-मोटे निबन्ध—हंस, सरस्वती, कौमी बोली, दीपक, नया साहित्य, लोक युद्ध, विशाल भारत, धर्मयुग, साप्ताहिक हिन्दुस्तान, आजकल

आदि में बराबर छपते रहे। गांधी-हत्या (1948 ई॰) के तुरन्त बाद नागार्जुन की तीन रचनाएँ जब्त कर ली गईं और इन्हें जेल-यात्रा करनी पड़ी। सन् 1949 ई॰ में मैथिली काव्य संग्रह 'चित्रा' का प्रकाशन मैथिली काव्य संसार के लिए एक नया युग लाया। सन् 1953 में मैथिली उपन्यास 'नवतुरिया' छपने के बाद मैथिली के श्रेष्ठतम रचनाकारों की पंक्ति में नागार्जुन आ गये।

सन् 1953 ई॰ में हिन्दी का पहला काव्य संग्रह 'युगधारा' छपा। इसके बाद से ही हिन्दी कविता के अनिवार्य अंग बन गये नागार्जुन। अब तक इनके बारह काव्य संग्रह छप चुके हैं।

स्वाधीनता के पश्चात् नागार्जुन देश में समाजवादी विचारधारा के विकास और सर्वहारा वर्ग की कल्पना के अनुरूप समाज निर्माण के लिए अपनी कलम को निरन्तर चलाते रहे हैं। देश-विदेश में घटित कोई भी महत्त्वपूर्ण घटना उनकी लेखनी से बच नहीं पाती है। सन् 1975 ई॰ में सम्पूर्ण क्रांति आन्दोलन के समय उन्हें अपने नुक्कड़ काव्य-पाठ और शासकीय भ्रष्टाचार के खिलाफ लिखने के लिए जेल-जीवन बिताना पड़ा।

यायावरी प्रवृत्ति और गरीबी ने नागार्जुन की लेखनी को एकमात्र मानव-जीवन के प्रति समर्पित रखा है। बचपन से लेकर अब तक यह रचनाकार निरन्तर एक घुमक्कड़ की तरह रहा है। उन्हें आडम्बर और प्रदर्शन तनिक भी नहीं सुहाता। रूढ़ियों और विषमताओं से उन्हें बहुत ही नफरत है। विद्रोही स्वभाव के कारण नागार्जुन ने सामाजिक बुराइयों के खिलाफ जमकर संघर्ष किया है। इस विद्रोही प्रवृत्ति को उन्होंने सदैव रचनात्मक दिशाओं की ओर सक्रिय किया है। उनकी दृष्टि हमेशा वहाँ रही है जहाँ विशाल मानव-समुदाय अपने भविष्य को सुखी बनाने के लिए उठने को प्रयासरत है। उनका सम्पूर्ण साहित्य व्यापक मानवीय संवदेना से भरा हुआ है।

कबीर जैसा साहस, ललकार-भरे शब्द-बाण, त्याग का भाव एवं खंडन-मंडन की शक्ति नागार्जुन की शैली को मौलिक बनाती है। उनकी सामाजिक दृष्टि आज की देशी राजनीति में कहीं भी फिट नहीं हो पा रही है। क्योंकि इस रचनाकार की प्रतिबद्धता है बहुजन समाज की सतत प्रगति। 'स्व' की स्थापना हेतु संकुचित आपाधापी इन दिनों किस तरह विकसित हो रही है—यह सबके सामने है। नागार्जुन इस आपाधापी को तोड़ने के लिए, समाज के शोषणकर्ताओं द्वारा बनाये गये परिवेश

को तोड़ने में अपनी रचनाओं के साथ वह हमेशा हर जगह तैयार दिखते हैं।

पूरी उम्र विद्रोह में गुजरे और परिणाम के नाम पर शून्य जैसा ही कुछ हाथ लगे तो आज की परिस्थिति में विक्षोभ का होना स्वाभाविक ही है। विक्षोभ के क्षणों में कटु-तिक्त व्यंग्य का जन्म होता है। नागार्जुन के पास व्यंग्य वह सहज हथियार है जिससे कहीं भी निशाना लगाया जा सकता है। व्यंग्य में रचित अनेक कविताएँ कालजयी बन गयी हैं। अपने समकालीनों में क्षोभव्यंजक चुटीले व्यंग्य रचना के कारण नागार्जुन प्रायः सबसे अलग दिखते हैं। डॉ॰ नामवर सिंह ने तो यहाँ तक कहा है कि कबीर के बाद हिन्दी कविता में नागार्जुन से बड़ा व्यंग्यकार अभी तक कोई नहीं हुआ।

नागार्जुन संस्कृत के महापंडित हैं, साथ ही इस देश की दर्जनों भाषाएँ वे जानते हैं। भाव के अनुसार भाषा को अपना रूप देने में और शब्दों को चुनने में वे सिद्धहस्त हैं। नागार्जुन हिन्दी के एकमात्र जनकवि माने जाते हैं। सर्वहारा जनता, किसान, मजदूर, निम्न मध्य वर्ग के लोग जिस भाषा को आसानी से समझते हैं, उसका परिष्कृत रूप इनकी कविताओं में दिखता है, जो ठेठ जन-जीवन और जीवन्त लोक धर्म का संवाहक है। पर नागार्जुन के काव्य-संसार में वैसी कविताओं की संख्या पर्याप्त है जो कविता के शाश्वत मानदंडों पर शत-प्रतिशत खरी उतरती हैं। हिन्दी प्रगतिशील काव्य-जगत के एक आधारस्तम्भ के रूप में नागार्जुन हैं। प्रकृति, प्रेम, सौंदर्य, वात्सल्य—इन रूपों के जो चित्रण नागार्जुन की रचनाओं में जिस काव्यशास्त्रीय मानदंडों के भीतर हुआ है वह अन्यत्र दुर्लभ है। संस्कृतनिष्ठ कोमलकांत पदावली, छन्दों का गठन आदि के साथ गँवारू ठेठ सहज चित्रण का जैसा सहज संगम नागार्जुन के प्रकृति काव्य में उपलब्ध है, अन्यत्र कहीं नहीं।

छन्द के मामले में आधुनिक युग के कवि उदासीन नजर आते हैं और मुक्त छन्द के नाम पर गद्य को ही कविता की तरह लिख रहे हैं; वहीं नागार्जुन ने परम्परागत छन्दों को ठेठ मुहावरेदार शैली में लिखकर लोकप्रिय बनाया है, मुक्त छन्दों के भावानुरूप छोटे-बड़े चरणों को लयविहीन नहीं होने दिया है। वे मुक्त छन्दों के लिए भाव गुम्फित एवं लय गुम्फित होना अनिवार्य मानते हैं।

माधुर्य और प्रसाद गुण नागार्जुन की पंक्तियों में सहज रूप से आ जाते हैं। लगता है जैसे कबीर-मीरा की प्रसादयुक्त मधुर शैली का गंगा-जमुनी संयोग हो गया है। जहाँ तक अलंकार के प्रयोग का प्रश्न है, वे जानबूझकर अलंकार गढ़ने में

विश्वास नहीं करते। स्वाभाविक रूप से उत्प्रेक्षा, रूपक आदि मनोहारी प्रयोग सहज रूप से आ ही जाते हैं।

अप्रचलित छन्द 'बरबै' नागार्जुन को प्रिय रहा है। इस मात्रिक अर्ध समछन्द के विषम चरण में बारह एवं समचरणों में सात मात्राएँ होती हैं। समचरणों के अन्त में यगण (।ऽ।) या तगण (ऽऽ।) आने से मिठास बढ़ती है।

यथा–

ऽ ।। ।। ऽ ऽ।। ऽ। ।ऽ। =12 + 7 = 19

बीहड़ पथ के चारण / बज्र कठोर।

ऽ ।ऽ। ।। ऽ।। ।।। ।ऽ । =12 + 7 = 19

ये निसर्ग प्रिय श्यामल / युगल किशोर।।

भूमिजा में कहीं-कहीं 16 मात्राओं के मात्रिक छन्द का प्रयोग किया है। इसमें भी रचनाकार ने तुक के मामले में चौपाई के नियम को तोड़कर स्वतंत्रता से काम लिया है। इसके पूर्व 'भस्मांकुर' नामक खण्ड काव्य में कवि ने केवल 'बरबै' का ही प्रयोग किया है।

सन् 1969 के लिए मैथिली का साहित्य अकादमी पुरस्कार 'पत्रहीन नग्न गाछ' नामक काव्य संग्रह पर इन्हें मिला। 1981 में उत्तर प्रदेश शासन की ओर से दीर्घकालीन साहित्य रचना और हिन्दी सेवा के लिए विशिष्ट सम्मान दिया गया। 1986 में उत्तर प्रदेश द्वारा ही साहित्य के सर्वोच्च सम्मान 'भारत-भारती' से सम्मानित किया गया। 1987 में मध्य प्रदेश शासन द्वारा हिन्दी कविता का सर्वोच्च सम्मान 'मैथिली शरण गुप्त सम्मान' दिया गया।

नागार्जुन साहित्य

रतिनाथ की चाची, बलचनमा, नयी पौध, बाबा बटेसरनाथ, वरुण के बेटे, दुखमोचन, कुम्भीपाक, हीरक जयन्ती, उग्रतारा, जमनिया का बाबा, पारो, गरीबदास–हिन्दी उपन्यास। पारो, नवतुरिया, बलचनमा–मैथिली उपन्यास।

युगधारा, सतरंगे पंखों वाली, प्यासी पथराई आँखें, तुमने कहा था, खिचड़ी विप्लव देखा हमने, पुरानी जूतियों का कोरस, हजार-हजार बाँहों वाली, रत्नगर्भ, ऐसे

भी हम क्या ! ऐसे भी तुम क्या ! आखिर ऐसा क्या कह दिया हमने, इस गुब्बारे की छाया में—हिन्दी काव्य संग्रह। चित्रा और पत्रहीन नग्न गाछ—मैथिली काव्य संग्रह।

इसके अतिरिक्त निबन्ध, कहानियाँ, संस्मरण और अन्य विधाओं की दर्जनों पुस्तकें प्रकाशित हैं।

राम-कथा प्रसंग

महर्षि विश्वामित्र को जब राक्षस तंग करने लगे तो वे अयोध्या पहुँचे। राजा दशरथ ने उनका बड़ा ही स्वागत किया और पूछा—महाराज, कैसे कृपा की?

विश्वामित्र ने कहा—राजन्, हमने एक महायज्ञ आरम्भ किया है। रावण के अनुचर मारीच और सुबाहु बड़ा ही विघ्न मचा रहे हैं। उनकी माँ का नाम है ताड़का। वह भी उत्पात करने में अपने लड़कों से पीछे नहीं रहती। वह किसी युग में अत्यन्त सुन्दरी स्त्री थी। मगर एक मुनि के शाप से राक्षसी हो गई। उसका शरीर ताड़ जैसा लम्बा है। मुँह विकराल, शक्ल-सूरत भयंकर। हाथ-पैर डरावने। अपने आसपास के जीव-जन्तुओं को कई बार उसने खा-पचा डाला है। सो, महाराज, मेरा अनुष्ठान कैसे पूरा होगा?

दशरथ ने कहा—यदि आपकी आज्ञा हो, यह दास स्वयं चलकर आपके यज्ञ की निगरानी करेगा।

महर्षि थोड़ी देर चुप रहे। फिर उन्होंने गम्भीर स्वर में कहा—नहीं महाराज, आपसे नहीं होगा। तथापि आप चाहें तो मेरा पुरश्चरण सम्पन्न हो सकता है।

राजा को बड़ा विस्मय हुआ। उनकी समझ में नहीं आया किस प्रकार की सहायता विश्वामित्र को चाहिए। राक्षस यज्ञ करने नहीं दे रहे तो मैं स्वयं चलकर उनका मुकाबला करूँगा और मुनि निश्चिन्त होकर अपना यज्ञ सम्पन्न करेंगे, परन्तु कहते हैं, मुझसे यह नहीं होगा। और फिर यह भी कहते हैं कि मैं चाहूँ तो उनका काम हो सकता है।

राजा दुविधा में पड़े थे कि मुनि ने कहा—राजकुमार रामचन्द्र को आप मेरे साथ कर दीजिए, वह अकेले ही राक्षसों का संहार कर देंगे।

दशरथ को यह सुनते ही मानों दांती लग गई। भला, जो काम मुझसे न होगा, वह एक बच्चे से कैसे होगा ! अभी जिसके बीस भी पूरे नहीं हुए वह उन राक्षसों

के सामने खड़ा भी कैसे रह सकेगा !

बूढ़े राजा बड़ी दुविधा में पड़े।

मुनि राजा की इस दुविधा को ताड़ गए। उन्होंने कहा—महाराज, अपने बालक को आप साधारण बालक मत समझिए। इन बच्चों के अन्दर बहुत बड़ी शक्ति मौजूद है। जो शक्तिशाली हैं, उनकी उम्र नहीं देखी जाती, बल्कि उनका काम देखा जाता है। आप रत्ती-भर भी दुविधा में न पड़िए और अपने बड़े राजकुमार को बेखटके मेरे हवाले कर दीजिए।

राजा के कानों में मुनि की यह बात जलती हुई खूँटी की तरह बड़ी मुश्किल से भीतर धँसी। वह अचेत हो गए। मन्त्रियों ने मुनि से कहा—प्रभु, सोचने के लिए राजकुल को दो-एक रोज का अवसर दीजिए। आप इतनी दूर से चलकर आए हैं, तब तक दो-एक दिन आराम करें।

महल में जब रानियों ने यह बात सुनी तो उनका कलेजा फटने लगा। अभी तक गेंद की तरह जिन्हें वे हाथों पर उछालती रहीं, सुग्गे की तरह जिन्हें अभी तक वे एक-एक बात पढ़ाती रहीं, क्षण-भर भी वे जिनको अपनी निगाहों से ओझल नहीं होने देना चाहती थीं—वही रामचन्द्र इस प्रकार के संकट में पड़ें—यह सोचना तक रानियों के लिए असह्य था।

आखिर वशिष्ठ को बुलाया गया। उनकी राय ली गई।

वशिष्ठ का विचार था कि राम और लक्ष्मण दोनों कुमार विश्वामित्र के साथ जाएँ। विश्वामित्र जब खुद राम को लेने आए हैं तो जरूर कुछ सोचकर ही आए होंगे। यह साधारण ऋषि तो हैं नहीं। स्वयं उनके अन्दर अपार क्षमता निहित है। कोई हर्ज नहीं, राम को उनके साथ जाने देना चाहिए। हाँ, लक्ष्मण भी साथ जाएँ।

वशिष्ठ ने एक-एक करके सबको समझाया—दशरथ को, कौशल्या को, कैकेयी और सुमित्रा को। मन्त्रियों को भी समझाया।

कई दिन हो गए थे, विश्वामित्र को जल्दी पड़ी थी।

राजा ने अपने कुलगुरु महामुनि वशिष्ठ को आगे करके विश्वामित्र से कहा—भगवन्, आप जैसे अतिथि के पैरों की धूल हमारे राजपाट से बढ़कर है। आप स्वयं राजभवन में पधारें। कृतज्ञता प्रकट करने के लिए हमें कोई भी शब्द नहीं सूझ रहा है। कुमार राम और लक्ष्मण दोनों को मैं आपके चरणों पर निछावर करता हूँ।

आज से ही आप इनके माँ-बाप हैं।

कहते-कहते दशरथ की आँखों में आँसू छलक आए, घिग्घी बँध गई।

तब गुरु वशिष्ठ उनकी ओर से हाथ जोड़कर बोले—मुनि, आप त्रिकालदर्शी हैं। स्वयं सभी के हृदय की बात जानते हैं। विशेष कुछ कहना बेकार है। फिर भी इस राजकुल के प्रति जो एक प्रकार की ममता मेरे चित्त में स्वाभाविक रूप से सदैव बनी रहती है, उससे बाध्य होकर ही मैं दो-एक बात श्रीमान् से निवेदन करना चाहता हूँ। बात यह है कि राजा दशरथ ने बड़ी कठिनाई के बाद बुढ़ापे में इन पुत्रों का मुँह देखा है। ये इन्हें प्राण से भी प्यारे हैं। कुमारों का एक-एक रोम वृद्ध राजा के लिए अनमोल है। आज तक बराबर यह राजा की आँखों के आगे खेलते-मचलते रहे। इन पर कभी किसी तरह की जिम्मेवारी नहीं सौंपी गई और आज एकाएक इन्हें आप जंगलों में ले जा रहे हैं। महाराज, राक्षस बड़े ही मायावी होते हैं। उनसे पार पाना कठिन है, सो आपसे छिपा नहीं है। ऐसी स्थिति में हमारी अपेक्षा आप स्वयं ही सोच सकते हैं।

रामचन्द्र के शरीर पर ममतापूर्वक अपना दाहिना हाथ फेरते हुए विश्वामित्र ने मुनि वशिष्ठ की ओर देखा और कहा—बन्धुवर, आप स्वयं महान तपस्वी हैं। साधना में विघ्न उपस्थित होने पर साधुओं के चित्त की स्थिति कैसी हो जाती है, यह बात आपसे छिपी नहीं होगी। जब और कोई भी उपाय नहीं रह गया तभी मेरे मन में रामचन्द्र से सहायता लेने का ख्याल आया। इन कुमारों के अमंगल की कल्पना तक मुझे असह्य होगी। इस तरुण राजकुमार को राजा दशरथ साधारण कुमार समझते हैं, इसीलिए इनका मन इतना उद्विग्न हो रहा है। महामुनि, इन कुमारों की सुरक्षा का आश्वासन मैं आपको देता हूँ। राजकुल को समझा-बुझाकर इस विषय में आप निश्चिन्त कर दें।

वशिष्ठ ने अन्त में कहा—भगवान् से यही प्रार्थना है कि आप जैसे विशिष्ट व्यक्तियों की दयादृष्टि इस कुल पर पड़ती रहे।

गुरु को, पिता को और माताओं को प्रणाम करके दोनों राजकुमार विश्वामित्र के पीछे-पीछे चले। उन्होंने और कोई सामग्री हाथ में नहीं ली। केवल धनुष लटका लिये थे। तीरों से भरा तरकश पीछे बाँध लिया था।

कुछ दूर जाने पर उन्हें सरयू नदी मिली। वहाँ विश्वामित्र ने कुमारों को दो मन्त्र बताए। बला और अतिबला। इन मन्त्रों में विशेषता यह थी कि युद्ध में न

तो थकावट मालूम होती और न फुर्ती की कमी। कुछ आगे बढ़ने पर सरयू नदी को उन्होंने उस जगह पार किया जहाँ वह गंगा से मिलती थी। पार होते ही विश्वामित्र का अपना तपोवन का इलाका आ गया।

उन जंगलों में ताड़का का बड़ा आतंक था। उसकी नाक इतनी तेज थी कि हवा में गंध पाकर ही वह अपने शिकार को ताड़ जाती थी।

मनुष्य की गंध को पाकर आँधी की भाँति इनकी ओर दौड़ी। उसे आते देखकर विश्वामित्र ने कहा—यह आई। बेटा, इसे मार गिराओ।

राम ने ऐसा तीर छोड़ा कि वह धड़ाम से औंधे मुँह धरती पर गिर पड़ी और थोड़ी देर में दम तोड़कर मर गई।

विश्वामित्र को अपार प्रसन्नता हुई। उन्हें अपने सपने पूर्ण होने में तनिक भी विलम्ब नहीं दिखाई दिया।

रात हो जाने पर तीनों ने जंगल में ही पड़ाव डाला। इधर-उधर से सूखी लकड़ियाँ बटोरकर आग जलाई गई। कुमारों ने कन्दमूलों से व्यालू किया। मुनि सिर्फ पानी पीकर रह गए।

अगले दिन मुनि अपने आश्रम पहुँचे। देखा, यज्ञ की वेदी तहस-नहस कर दी गई है। अग्नि-कुण्ड का बुरा हाल है। मंडप टूटा पड़ा है।

मुनि ने राम से कहा—बेटा, देखते हो ? इससे बढ़कर और भला क्या उपद्रव होगा ? चार ही पाँच दिन मैं यहाँ से अनुपस्थित रहा हूँ, इसी बीच दुष्टों ने कैसा तांडव मचा दिया।

राम और लक्ष्मण यह सब देखकर बड़े दुखी हुए।

राम की आँखें एकटक उस दृश्य को देखती रह गईं। रोष के आवेश में लक्ष्मण के होंठ फड़कने लगे। विश्वामित्र का चेहरा बड़ा ही गम्भीर हो गया था।

फिर नये सिरे से मुनि ने यज्ञ का आयोजन किया। राजा दशरथ के दोनों कुमार रात-दिन उस अनुष्ठान की निगरानी करने लगे।

अपनी माँ के मारे जाने से मारीच और सुबाहु दोनों ही राक्षस बेहद क्रोधित हो रहे थे। उनके और भी बहुत-से चेला-चाँटी थे।

मुनि को पुनः अपनी साधना में लीन देखकर उनका पारा चढ़ गया। वे फिर उपद्रव करने लगे। परन्तु राम और लक्ष्मण ने अबकी बार उनके सारे मनोरथों को खंडित कर दिया। महर्षि विश्वामित्र स्वयं भी अपने पहले जीवन में बहुत बड़े

लड़ाकू, मशहूर तीरन्दाज थे। राम को उन्होंने तीरन्दाजी के कई अचूक गुण बता दिए थे। लक्ष्मण ने भी कई बातें उनसे सीख ली थीं। नतीजा यह हुआ कि यज्ञ में विघ्न पैदा करने वाले सभी राक्षस दोनों राजकुमारों द्वारा एक-एक कर मार डाले गए। मारीच घायल होकर भाग खड़ा हुआ।

विश्वामित्र ने अपने संकल्पित यज्ञ को विधिपूर्वक सम्पादित किया। अन्त में छाती से लगाकर राम और लक्ष्मण को बधाई दी। आशीर्वादों का अन्त न था।

● ●

चलो बेटा, मिथिला की ओर—विश्वामित्र की आज्ञा हुई।

इससे पहले ही कुमारों को मिथिला के राजा जनक की कथाएँ मालूम हो चुकी थीं। अब, मुनि के मुँह से वहाँ चलने की बात सुनकर उन्हें बड़ी खुशी हुई।

दोनों विश्वामित्र के पीछे हो लिये।

पहले उन्होंने मगध देश का भ्रमण किया। उसके बाद वे गंगा पार हुए।

कई दिन चल चुकने पर तीनों गौतम ऋषि के आश्रम में पहुँचे।

वहाँ विश्वामित्र ने एकान्त में बुलाकर राम से कहा—बेटा ! पत्थर में जान डालनी होगी।

पत्थर में—राम अचकचाए।

मुनि ने राम की आँखों में अपनी आँखें मानो गड़ा दीं और कहा—हाँ बेटा, पत्थर में।

राम को गुम-सुम पाकर विश्वामित्र ने विस्तार से वह सारा प्रसंग उन्हें बताया जिसका सम्बन्ध महामुनि गौतम की अभिशप्त पत्नी अहल्या से था।

सारी बात सुन-समझकर राम बोले—तो, वह मेरी प्रतीक्षा में मूर्छित पड़ी है।

मुनि ने कहा—हाँ बेटा, चलो, जल्दी करो !

गौतम मुनि का आश्रम क्या था, आम के बड़े-बड़े पेड़ों का खूबसूरत बाग था। महर्षि गौतम ने अपने ही हाथों से पानी दे-देकर आम के इन पेड़ों को पाला-पोसा था। अब आसपास के जीव-जन्तु इस तपोवन से तरह-तरह के लाभ उठाते थे।

बाग के एक ओर बरगद का एक झमटगर वृक्ष था। उसी के नीचे पथराई स्थिति में अधेड़ उम्र वाला मानवी ढाँचा जाने कब से उपेक्षित पड़ा था।

विश्वामित्र का संकेत पाकर राम और लक्ष्मण दोनों पाषाणी की परिचर्या में जुट पड़े।

तलवे से लेकर माथा, माथे से लेकर तलवा। अहल्या के सम्पूर्ण शरीर पर न जाने रामचन्द्र कब तक अपना हाथ फेरते रहे। सुध-बुध खोकर वह उस अभिशापित नारी की सेवा-शुश्रूषा में निमग्न हो गए। मुनि पत्नी की परिचर्या में अपने अग्रज को इस भाँति लवलीन पाकर लक्ष्मण ने अपने को भाई की निगरानी में लगा दिया।

बड़ी देर बाद पाषाणी में चेतना का संचार हुआ। उसके होंठ फड़कने लगे। गड्ढे में धँसी आँखों में टिमटिमाहट पैदा हुई। सूखी पथराई नसों में स्पन्दन लक्षित होने लगा।

राम को अपनी इस सफलता पर अपार प्रसन्नता हुई। उन्होंने लक्ष्मण से कहा—दौड़ो लखन, गुरु महाराज को बुला लाओ !

विश्वामित्र आए तो अहल्या को सचेत देखकर आनन्दित हुए।

मैंने तो पहले ही कहा था—राम की पीठ ठोकते हुए विश्वामित्र बोले—क्यों, अपने को तुम साधारण राजकुमार मानते हो और अब भी ?

संकोच से राम की गर्दन जरा झुक गई और गर्व से लक्ष्मण का माथा ऊपर उठ गया।

अहल्या के स्थान से जनकपुर नजदीक ही था। अगला पड़ाव उन लोगों का जनकपुर के पास ही पड़ा।

विश्वामित्र के आने का समाचार बिजली की तरह समूची मिथिला नगरी में फैल गया। राजा जनक ने अपने पुरोहित शतानन्द को विश्वामित्र के स्वागत के लिए भेजा।

यह शतानन्द अहल्या की कोख से उत्पन्न महामुनि गौतम के ही पुत्र थे। उन्होंने जब अपनी माँ के उद्धार की बात सुनी तो बड़े प्रसन्न हुए।

उन्हीं के मुख से कुमारों को सीता के स्वयंवर के होने वाले समारोह का हाल मालूम हुआ।

विश्वामित्र को विश्वास हो चुका था कि सीता के योग्य पति रामचन्द्र ही हो सकते हैं। इधर राक्षसों का संहार हो चुकने पर तो उनका यह विश्वास और दृढ़ तथा निश्चित हो गया था।

मिथिला के राजा जनक की इस अनोखी राजकुमारी के सम्बन्ध में दूर-दूर तक अनेक प्रकार की किंवदन्तियाँ फैल रही थीं। इस विचित्र लड़की की उत्पत्ति भी अनूठे ढंग से हुई थी। कहते हैं कि जनक वंश के राजा सीरध्वज को हल जोतते समय एक दिन मूँदा हुआ घड़ा खेत में मिला। घड़ा खेत में दबा पड़ा था। एकाएक हल के फाल की नोक उससे टकरा गई तो राजा ने बड़ी सावधानी से उसे धरती से निकाला। क्या था घड़े में ?

घड़े में खून भरा था, जाने कब का जमा हुआ। ऊपर मजबूती से ढक्कन बैठाया हुआ था। पुरानी अनुश्रुतियों के अनुसार यह वही खून था जिसे कभी राक्षसराज रावण ने ऋषियों से टैक्स के रूप में वसूल किया था। जमा हुआ वही रक्त सीता की उत्पत्ति का हेतु हुआ।

यह लड़की इसीलिए 'अयोनि सम्भवा' कही जाने लगी। इसका मतलब यही है कि उसकी पैदायश स्त्री से नहीं हुई थी।

बचपन से ही सीता अपनी विचित्रताओं के लिए प्रख्यात हो गई। छोटी उम्र में ही उसने शिवजी का भारी-भरकम धनुष उठा लिया था। राजा जनक ने प्रतिज्ञा की कि जो कोई इस धनुष पर डोरी चढ़ा देगा, उसी के साथ सीता ब्याही जाएगी।

वस्तुतः शिवजी का यह धनुष बड़ा ही पुराना, बहुत ही भारी था। जाने कब से, कितने युगों से मिथिला की राजधानी में वह इसी भाँति पड़ा था।

सीता के योग्य वर की चिन्ता राजा जनक को परेशान किए हुए थी। देश-विदेश के राजाओं की ओर से सन्देश ले-लेकर दूत आते रहते थे। यहाँ तक कि लंका का राजा रावण भी सीता के लिए अपनी अभिलाषा प्रकट कर चुका था।

बहुत सोच-समझकर अन्त में राजा जनक ने निश्चय कर लिया, ऐसे नहीं—हमारी प्रतिज्ञा को जो कोई भी पूर्ण करेगा उसी को सीता मिल सकती है। किसी के दबाव में आकर उसे अपनी लड़की सौंप दूँ, यह तो मुझसे नहीं होगा।

सीता अब सयानी हो रही थी और अधिक दिनों तक उसके भाग्य को अनिश्चित स्थिति में लटकाए रखना राजा को असह्य लगा और उन्होंने राजाओं के नाम आमंत्रण भेजा—स्वयंवर की सूचना।

ऐसे ही अवसर पर विश्वामित्र ने अवध के उन दो राजकुमारों के साथ मिथिला की सीमा में प्रवेश किया था।

राजा जनक, उनके मंत्री और राजदरबार के दूसरे लोगों ने भी जब राम और लक्ष्मण को देखा तो उन पर लट्टू हो गए। उनकी बहादुरी सुनकर तो जनक को विश्वास हो गया कि इसी तरुण के भाग्य में सीता जैसी सहचरी का होना विधाता ने लिख रखा है।

उधर स्वयंवर की तैयारियाँ चल रही थीं, इधर विश्वामित्र अपने नवयुवक शिष्यों को मिथिला के विशिष्ट स्थानों का परिदर्शन करा रहे थे।

तिरहुत की हरी-भरी भूमि, नीला और निखरा आसमान, दोरस ब्यार, कोमल प्रकृति के लोग अवध के इन राजकुमारों को बड़े ही अच्छे लगे। इससे पहले उन्होंने कोसों तक फैले हुए धान के लहलहाते खेत कहाँ देखे थे? नील निविड़ आकाश के सीमान्त को दिशाओं के छोर से एक आकार बना देने वाले आम के अपार उद्यान इससे पहले उन्होंने कहाँ देखे थे? काँच जैसे नीलाभ और पारदर्शी पानी के अटूट भंडार, इतने बड़े-बड़े पोखर इससे पहले उन्होंने कहाँ देखे थे ?

महर्षि विश्वामित्र का समय या तो अपने जैसे बूढ़े लोगों से मिलने में जाता था या फिर जिज्ञासु जनों की उत्कंठाओं को शान्त करने में।

वे राजा के मेहमान थे। जहाँ जाते, प्रजा और अधिकारी उनकी सुख-सुविधाओं का सामान जुटाने में अपने को कृतकृत्य मानते।

जनकपुरी में फूल और फल के बड़े-बड़े बाग थे। ऋषियों से मानो सारी मिथिला भरी पड़ी थी। दोनों राजकुमार जहाँ चाहें बेरोक, बेखटके घूम-फिर सकते थे। जाने कितनी बार राजघराने की सुन्दर और सुशील कुमारियों से राम और लक्ष्मण की आँखें चार हुईं।

सीता प्रतिदिन प्रातःकाल गौरी की पूजा करने बाहर निकलती थी। बाग में एक ओर पोखर के भिंड़े पर शंकर और पार्वती के मंदिर थे। राम ने कई बार सीता को गौरी की पूजा में लवलीन पाया था। उनमें एक-दूसरे के प्रति काफी आकर्षण पैदा हो गया था। राम के गुण भी मिथिला के लोगों की चर्चा के केन्द्र बन गए थे। दोनों की जोड़ी भी अनूठी थी। एक श्यामल किशोर तो दूसरी कंचन लता।

सभी लोग हृदय से यह चाहने लगे कि होने वाले स्वयंवर समारोह में कोशल कुमार रामचन्द्र ही राजा की प्रतिज्ञा पूरी करें।

स्वयंवर के लिए जिस दिन सभा रखी गई थी, उस दिन देश-देशान्तर के राजा और राजकुमार एकत्र थे। सीता उस समारोह में मौजूद नहीं थी। उम्मीदवार राजा

लोग धनुष उठाने और उस पर रोदा चढ़ाने में अपनी ताकत आजमा रहे थे। मगर शिवजी की इस कमान को उठा लेना और उस पर चिल्ला चढ़ाना कोई खेल नहीं, बड़ा ही कठिन काम था।

सभी राजा कोशिश करके थक गए, किन्तु धनुष अपनी जगह से हिला तक नहीं। ऐसा लगता था कि राजा जनक की वह कड़ी शर्त पूरी न होने की वजह से सीता कुँवारी ही रह जायेगी। राजा जनक को पहले तो खेद हुआ फिर क्रोध। उन्होंने उठकर राजाओं को फटकारा और कहा–

अब जनि कोउ भाखै भट मानी।
वीर विहीन मही मैं जानी॥
तजहु आस निज निज गृह जाहू।
लिखा न विधि वैदेहि विवाहू॥

राजा जनक की फटकार सुनकर राजाओं की आँखें नीचे को झुक गईं। राम की आकृति बड़ी ही गम्भीर हो रही थी। विश्वामित्र भी पशोपेश में पड़े हुए मालूम होते थे। आखिर लक्ष्मण से न रहा गया। खड़े होकर वह बोले, 'मिथिलेश, समूचे संसार को वीर-विहीन कहना आपको शोभा नहीं देता। धरती तो खैर बहुत बड़ी है, दूर-दूर तक फैली हुई है। एक से एक शूरवीर धरती पर मौजूद हैं। यहाँ भी उस तरह के लोग हैं जो अपनी वीरता का भली-भाँति परिचय दे सकते हैं। यदि महामान्य विश्वामित्र और आदरणीय अग्रज कौशल्यानन्दन रामचन्द्र आज्ञा दें तो मैं इस धनुष को फूँक मारकर तिनके की तरह उड़ा दूँ। मैं शपथपूर्वक कहता हूँ कि यदि अपने इन गुरुजनों का आदेश मिले तो इस पकी पथराई कमान को खण्ड-खण्ड कर दूँ।'

लक्ष्मण की वह ललकार राजाओं के लिए चुनौती थी और जनक के लिए खुला ऐलान था।

विश्वामित्र ने अवसर देखकर राम से कहा–बेटा, पार्वती-पति देवाधिदेव भगवान चन्द्रशेखर शिव का यह धनुष तुम्हारी ही प्रतीक्षा में अचल पड़ा है, उठो।

रामचन्द्र उठे। मुनि के पैरों को छूकर शेर की चाल से उधर बढ़े, जहाँ धनुष रखा हुआ था।

सभा में जितने राजा थे, उनके आश्चर्य का न ओर था न छोर। उनका खयाल था कि दशरथ का यह छोकरा भला किस भाँति इस पहाड़ को उठाएगा। बूढ़े विश्वामित्र की विवेक बुद्धि पर कुहासा छा गया है और, उस छोटे छोकरे की हिमाकत तो देखो जो अभी-अभी स्वयं जनक तक को फटकार बैठा है।

बात भी ठीक थी। रावण तक जिसे हिला न सका, वह सत्रह-अठारह साल की कच्ची उम्र के छोकरे से कैसे उठेगा ?

राजाओं की समझ में कुछ आ ही नहीं रहा था। जनक खुद भी हकबकाए हुए बैठे थे, हाथ पर हाथ धरे कि इतने में रामचन्द्र धनुष के बिल्कुल करीब पहुँचे।

सबकी आँखें उनकी साँवली-सलोनी सूरत पर गड़ी हुई थीं। साधारण दर्शक लोग उत्कंठा की पराकाष्ठा पर पहुँच गए थे। उनके मन में अयोध्या के इस तरुण राजकुमार के प्रति एक प्रकार का पक्षपात उत्पन्न हो गया था। वे हृदय से चाहते थे कि यह लड़का धनुष को उठा ले। एक प्रकार की सहज आस्था उनके चित्त को उस श्यामल किशोर के प्रति शुभ कामनाओं से आप्लावित कर रही थी।

राम ने बिना किसी उद्वेग के, धनुष में हाथ लगाया, गौर से उसे देखा और फिर उठाने की कोशिश की। सिंह जिस भाँति जंगली हाथी पर झपट्टा मारने के पहले अपनी सारी शक्ति को नाभि में केन्द्रित कर लेता है, उसी भाँति रामचन्द्र ने समूचा बल, अपनी सारी क्षमता, बटोरकर मानों क्षण-भर के लिए एकात्म हो गए।

इसके बाद असीम आश्चर्य के साथ लोगों ने देखा, शिवजी का यह अडिग धनुष ऊपर उठ रहा है।

आहिस्ता-आहिस्ता राम ने धनुष को ऊपर उठा लिया। अब वह उस पर चिल्ला चढ़ाएँगे। वह भी ऐंठकर खड़ा हो गया था, इस्पात के तार की तरह।

परन्तु डोरी चढ़ाने से पहले ही धनुष खण्ड-खण्ड हो गया मानो खस्ता खाजा हो।

आसमान से फूल बरसने लगे। हवा धीमी और ठण्डी हो गई। सूरज की किरणें मध्यम पड़ गईं। चौदहों भुवन में शोर मच गया—राम ने शिव के पुराने धनुष को तोड़ डाला। कहते हैं, इतने जोरों से टंकार उठी कि दिगूदिगन्त गहरी प्रतिध्वनि से गूँज उठे।

राजा जनक खुशी के मारे पागल हो गये और राजसिंहासन से उतर कर दौड़े

आए। उन्होंने राम को कसकर अपनी बाँहों में ले लिया। वृद्ध ने तरुण के ललाट को परितृप्त होकर चूमा।

शतानन्द और विश्वामित्र के भी आनन्द की सीमा न थी।

राजाओं के चेहरे अप्रतिभ हो रहे थे। ऐसा लगता था कि विभिन्न प्रकार की मनोरम आकृतियाँ एक विराट पट पर अंकित हैं, निःस्पन्द।

राम ने नम्रतापूर्वक विश्वामित्र के चरण छुए तथा बूढ़े राजा को अत्यन्त विनीत भाव से नमस्कार किया। शतानन्द को झुककर प्रणाम किया। उपस्थित राजाओं के प्रति दोनों हाथ जोड़कर श्रद्धा का निवेदन किया। अनुज लक्ष्मण की पीठ थपथपाई।

स्वयंवर की सभा विसर्जित हुई। राम और लक्ष्मण को साथ लेकर राजा महल में गए।

धूमधाम से सीता का पाणिग्रहण संस्कार करने का निश्चय हुआ। राजा दशरथ को आमंत्रित किया गया। विश्वामित्र वहाँ विद्यमान थे ही।

• •

नन्द ग्राम में भरत राम की प्रतीक्षा कर रहे थे, बड़ी ही उत्सुकता से। उनके वस्त्र मुनियों के-से थे। सिर पर जटा थी।

रामचन्द्र को देखते ही वह उनके पैरों पर गिर पड़े। राम ने भरत को उठाकर गले से लगाया। फिर भरत ने सीता को प्रणाम किया। किसी के मुँह से शब्द नहीं निकल रहा था। सभी आनन्द में मग्न थे।

भावावेश कम होने पर रामचन्द्र ने पूछा—कहो भरत, कैसे रहे ?

भरत के बदले सीता ने कहा—क्या पूछते हैं महाराज, हमने चौदह साल जंगल में बिताये, भरत ने चौदह साल यहाँ तपस्या में।

तभी, कुछ देर वहीं रहे। फिर महामंत्री सुमन्त रथ लिए हुए वहाँ पहुँचे, नगर के और सारे लोग उनके साथ थे।

सभी ने सुमन्त को प्रणाम किया। हर्ष के मारे बूढ़े मंत्री के मुँह से एक भी बात नहीं निकली। प्रसन्न नागरिकों ने कहा—महाराज, यह चौदह साल हमारे लिए चौदह युग की तरह गुजरे हैं। इतने दिनों तक अयोध्या की सारी सुषमा मूर्छित-सी पड़ी थी। अब आपके आने से अयोध्या अविलम्ब ही उन्नति की ओर अग्रसर हो जाएगी। रथ पर चढ़कर सभी अयोध्या की ओर आए। रास्ते से ही

स्वागत के लिए खड़े नागरिकों की भीड़ दिखाई पड़ी। उपनगर और नगर की सड़क के दोनों ओर वाले घर सजे-सजाए जैसे लग रहे थे। द्वार-द्वार पर मंगल-घट रखे हुए थे। अनेक स्थानों पर तोरण बने हुए थे। समूची राजधानी शोभा का आगार बनी हुई थी। धूल का नाम नहीं। सब जगह भीनी-भीनी खुशबू आ रही थी।

अपने प्रति प्रजा की ऐसी प्रीति देखकर रामचन्द्र बड़े प्रसन्न हुए। रथ रोक-रोक कर वह वृद्धों और वृद्धाओं का आशीर्वाद लेने लगे। बड़ी देर के बाद रथ राजमहल के निकट पहुँचा। महामुनि वशिष्ठ सबसे पहले मिले। उन्होंने राम के माथे पर हाथ फेरकर कहा—बेटा, बड़े दिन लग गए तुम्हें लौटने में। न जाने कितने चौदह वर्ष जंगल में बिताकर फिर तुम आये हो।

राम ने गुरु की चरण-धूलि माथे पर लगाई। डबडबाई हुई आँखों वाली माताओं के पैर छूकर प्रणाम किया। कौशल्या काफी बूढ़ी हो चुकी थीं। उन्होंने हाथ से राम का माथा, कपाट, कान, नाक, मुँह और छाती छूकर अपने भावावेश को प्रकट किया। कैकेयी का घमण्ड अब तक चूर-चूर हो चुका था। आज उसकी भी आँखों में आँसू थे।

लक्ष्मण और सीता ने भी सबको प्रणाम किया।

इसके उपरान्त उन्होंने तापस वेश उतारकर राजसी रूप धारण किया। भरत ने भी ऐसा ही किया।

शुभ मुहूर्त देखकर रामचन्द्र का अभिषेक सम्पन्न हुआ। सिंहासन पर सीता और राम को बैठाकर वशिष्ठ ने उनके ललाट पर तिलक किया। इस अवसर पर सुग्रीव, हनुमान और विभीषण आदि भी पधारे थे। जनक जैसे वृद्ध कुटुम्बी पधारे थे। विश्वामित्र, भारद्वाज, अगस्त्य आदि महर्षियों ने भी आने की कृपा की थी।

रामचन्द्र बड़ी निष्ठा से प्रजा के प्रति अपने कर्त्तव्य का पालन करने लगे। उनके राजकाल में सर्वत्र सुख-शांति फैली हुई थी।

दैहिक दैविक भौतिक तापा।
राम राज नहिं काहुहिं व्यापा॥
सब नर करहिं परस्पर प्रीती।
चलहिं स्वधर्म निरत श्रुति रीती॥

चारिहु चरन धरम जग माहीं।
पूरि रहा सपनेहुँ अघ नाहीं॥
अल्प मृत्यु नहिं कबनिउँ पीरा।
सब सुन्दर सब विरुज सरीरा॥
नहिं दरिद्र कोउ दुखी न दीना।
नहीं कोउ अबध न लच्छन हीना॥
सब निर्दंभ धर्मरत पुनी।
नर अरु नारि चतुर सब गुनी॥
सब गुनग्य पंडित सब ग्यानी।
सब कुतग्य नहिं कपट सयानी॥

परन्तु रामचन्द्र भी आखिर आदमी ही थे। अपनी प्रजा की आलोचना से वह भी नहीं बचे। सबका मुँह चुप करना किसी के लिए भी असम्भव है।

एक बात को लेकर लोग यदा-कदा राम की टीका-टिप्पणी करते थे। प्रकट नहीं, बल्कि गुप्त रूप से। एक दिन अपने किसी दूत से रामचन्द्र ने पूछा—अयोध्या के लोग मेरे बारे में क्या कहते हैं ?

महाराज—दूत ने आदर और संकोच से कहा—सभी आपकी प्रशंसा करते हैं। कहते हैं, ऐसा सुप्रबन्ध और ऐसी सुव्यवस्था कहीं नहीं है।

राम को लगा कि यह आदमी कुछ और भी कहना चाहता है, मगर संकोच के मारे अपनी वाणी को उसने तालु से उधर ही रोक रखा है। वे बोले—सभी प्रशंसा करते हैं ?

जी, सरकार।

रामचन्द्र ने पूछा—कोई भी मेरे सम्बन्ध में कुछ आपत्ति या आरोप नहीं उठाता?

दूत ने चुप्पी साध ली और सिर झुका लिया। रामचन्द्र ने सोचा—ज़रूर कोई बात है। प्रकट रूप से उन्होंने दूत से कहा—अरे, कहते क्यों नहीं हो? संसार में वह कौन है जिसके खिलाफ कोई न हो। हाँ, तब बात यह है कि किसी के निन्दक अधिक होते हैं तो किसी के प्रशंसक। प्रशंसक ही प्रशंसक सब किसी के नहीं होते।

देवराज इन्द्र तक की जब आलोचना होती है तो भला मेरी आलोचना का क्या कहना।

प्रभु के मुँह से यह बात सुनकर उस आदमी को ढाढ़स हुआ। वह बोला—महाराज, करुणानिधान ! अपराध माफ हो।

हाँ-हाँ, कहो न !

दूत ने कहा—कल धोबी अपनी औरत पर नाराज हो रहा था।

क्या कह रहा था ? राम ने पूछा।

आदमी थोड़ी देर के लिए रुक गया। वास्तव में वह कहना नहीं चाहता था। परन्तु राजा राम की उत्कंठा बढ़ चुकी थी। वह अपने बारे में जानने को व्याकुल हो रहे थे।

दूत बड़ी देर तक चुप रहा तो रामचन्द्र ने स्नेह से उसकी पीठ थपथपाकर कहा—पगले ! बोलता क्यों नहीं। क्या कह रहा था धोबी ?

दूत डरते-डरते बोला—करुणानिधान, धोबी अपनी धोबिन से यही कह रहा था कि मैं राम नहीं हूँ कि दूसरे के घर में रहकर आई हुई औरत को फिर रख लूँ।

यह सुनकर राम ने सिर झुका लिया। गम्भीर चिन्ता में निमग्न हो गए।

रामचन्द्र मर्यादा पुरुषोत्तम थे। उन्हें इस तरह की एक-एक बात का ख्याल रहता था। अपना कुल कलंकित न हो, इसका ध्यान उन्हें सदैव बना रहता। आज तक कठिन कर्तव्य के पालन में बराबर वह अग्रणी रहे। तो, अब क्या अपने कर्तव्य का पालन वह नहीं करेंगे ? नहीं, कर्तव्य का पालन होना ही चाहिए।

रामचन्द्र ने सीता के परित्याग का निश्चय किया। उन्होंने लक्ष्मण को आज्ञा दी—सीता को जाकर तमसा नदी के किनारे छोड़ आओ।

लक्ष्मण सीता को लेकर वन की ओर चले। वह गर्भिणी थी। फिर भी लक्ष्मण उसे जंगल में छोड़ने जा रहे थे। लक्ष्मण का कलेजा फटा जा रहा था। परन्तु भाई की आज्ञा थी, और आज्ञा-पालन तो होना ही चाहिए। छोटे बड़ों का अनुशासन मानें। रघुकुल की इस रीति को भला लक्ष्मण ही क्यों तोड़ेंगे ?

यह समाचार सुनकर सारा नगर शोक में डूब गया। सभी उस धोबी को गालियाँ दे रहे थे। परन्तु राजा की आज्ञा थी कि धोबी को कोई कुछ न कहे। लोग मन मसोसकर रह गये।

और, राम स्वयं क्या कम दुखी थे ? उनके हृदय की वेदना कौन समझता ? सीता पवित्र हैं, विशुद्ध हैं, उनमें कलंक का लेशमात्र भी नहीं। स्वयं अग्नि ने राम के समक्ष सीता की पवित्रता का प्रमाण पेश किया था। परन्तु यह सब जानबूझकर भी राजा राम बिलकुल निरुपाय हो रहे थे। प्रजा को प्रसन्न रखना ही राम के लिए सबसे महान आदर्श था। प्रजा के आगे राम को न तो सीता की परवाह थी, न लक्ष्मण की और न स्वयं की।

सीता को लेकर लक्ष्मण तमसा नदी के किनारे पहुँचे और वहीं उन्हें छोड़ आए। लक्ष्मण जब लौटने लगे तो सीता ने कहा—श्री रामचन्द्र के चरणों में मेरा शत सहस्र प्रणाम निवेदित करना। इस स्थिति में मैं जो वनवासिनी हुई हूँ वह पूर्वजन्म के पापों का फल है। इसमें राजा राम का कोई दोष नहीं। मेरे अन्दर यदि दूसरा जीव विद्यमान न होता तो मैं वहीं सरयू में डूबकर अपने को समाप्त कर देती। परन्तु आज मैं वैसा नहीं कर सकती हूँ क्योंकि रघुकुल के विशाल वटवृक्ष का बीजांकुर मेरे भीतर विद्यमान है। इसके आविर्भाव होने तक तो मुझे अपने को बचाना ही होगा। माताओं को बारम्बार मेरा प्रणाम कह देना। साधारण प्रजा पर राजा की जो दृष्टि रहनी चाहिए, वही दृष्टि रघुनन्दन मुझ पर भी रखेंगे···

रोते-रोते लक्ष्मण लौट गए।

कुश और समिधा के लिए महर्षि वाल्मीकि उस वन में आये तो उन्होंने सीता को देखा। बातें मालूम होने पर हृदय द्रवित हो उठा। वह सीता को अपने आश्रम में ले गए। अपनी कन्या की भाँति मुनि सीता की देख-रेख कर रहे थे। थोड़े दिनों के बाद सीता के दो जुड़वाँ बच्चे पैदा हुए। वाल्मीकि ने उनका नामकरण किया—लव और कुश। दोनों बच्चे वहीं पलने लगे।

महर्षि वाल्मीकि ने उन बच्चों को अपना काव्य कंठस्थ करा दिया। दोनों बटुक जब रामायण का गान करते तो पशु-पक्षी तक मुग्ध होकर सुनते रहते। लव और कुश को पता नहीं था कि जिनके चरित्र का गान इन श्लोकों द्वारा वे करते फिरते हैं, वह श्री रामचन्द्र आखिर हैं कौन ? अपने चरित्र नायक की वीरता, उनकी साहस की बातें, उनका त्याग और तपस्या—यह सभी कुछ दोनों को बड़ा ही अद्भुत लगता।

बच्चे बड़े होते गए, समय बीतता गया। मुनि ने अस्त्र-शस्त्र चलाने की विद्या

में भी उन कुमारों को निपुण बना दिया। काव्य का गान करना, तीर चलाने का अभ्यास, विद्या अध्ययन और ब्रह्मचर्य—यही था..कुमारों का जीवन। उन्हें देख-देखकर सीता को किशोर राम की याद आती। उन्होंने अपने अतीत की घटनाओं को लव और कुश से छिपा रखा था।

एक दिन दोनों कुमारों ने एक सजा-सजाया सुन्दर घोड़ा देखा। वह बिना सवार का था। परन्तु उसके पीछे अस्त्र-शस्त्र से सज्जित काफी सैनिक चल रहे थे। घोड़े के कान साँवले और लम्बे थे। सिर पर सोने का पट्टा बँधा था। गले में रंगीन रेशम।

ऐसा घोड़ा उन्होंने आज तक नहीं देखा था। लव और कुश घोड़े को पकड़ लाये और आश्रम में बाँध दिया। सैनिकों ने घोड़े को छीनना चाहा, परन्तु बहादुर कुमारों के आगे उनकी एक न चली।

वह अश्वमेध का घोड़ा था। उसके पीछे राज्य की समूची शक्ति थी।

शत्रुघ्न आए, भरत आए, लक्ष्मण आए, और अन्त में राम को स्वयं आना पड़ा। लव और कुश धुआँधार तीर चला रहे थे। घोड़े की बात नहीं थी, बात थी आन की। वह घोड़ा सब जगह से घूम आया था, किसी की भी उसे छेड़ने तक की हिम्मत नहीं हुई थी। लव-कुश की इस बहादुरी को अयोध्या के सैनिकों ने बालहठ समझा। पीछे जब गुत्थमगुत्था हुआ तो उन्होंने सोचा, बच्चों का रूप धरकर इन्द्र रामचन्द्र का मुकाबला करने आये हैं। आज तक राम-लक्ष्मण को तीर चलाने में असफलता नहीं हुई थी, परन्तु इन छोकरों ने उन्हें परास्त कर दिया। खैर, मुनि वाल्मीकि के बचाव करने के कारण मामला सुलझ गया। घोड़ा वापस आया। अश्वमेध यज्ञ पूरा हुआ।

दोनों कुमारों को साथ लेकर वाल्मीकि मन ही मन प्रसन्न हुए। उधर यज्ञ हो रहा था, इधर लोगों को लव और कुश रामायण सुनाते फिर रहे थे। गन्धर्व की सुरीली आवाज में वीणा के सहारे वे दोनों राम की गुण-गाथा गा रहे थे—ताड़का-वध, अहल्या-उद्धार, धनुर्भंग, अभिषेक की तैयारी, वन-गमन, पंचवटी में सीता-हरण, सुग्रीव-मैत्री, हनुमान-लंघन, अशोक वाटिका में सीता, राम-रावण- युद्ध, प्रत्यावर्तन—अयोध्या में अभिषेक और सीता का वनवास।

रामचरित्र का वह कवित्वमय वर्णन सुनकर अयोध्या में सभी मुग्ध हो गये। राम को मूर्च्छा आ गई।

होश आने पर राम ने दोनों ऋषि कुमारों को नजदीक बुलाकर पूछा—क्या नाम है तुम्हारा ?

कुश और लव—उत्तर मिला।

पिता का नाम ?

....

क्यों, पिता का नाम नहीं जानते हो ?

जी, यह नहीं बताया गया है। हाँ, हमारी माँ का नाम सीता है।

सीता ?

राम ने दोनों तरुणों को खींचकर अपनी छाती से लगा लिया—सीता— हाय, ये सीता के बच्चे हैं ! उस सीता के, जिसे मैंने जंगल में खदेड़ दिया था ?

बिजली की भाँति यह समाचार अयोध्या में फैल गया। कुश और लव को देखने के लिए सारा नगर उमड़ पड़ा। लव और कुश भी अपने पितृत्व को पहचान कर धन्य-धन्य हो उठे।

सभी यही कह रहे थे कि जैसे बाप और वैसे पूत—राम भी बचपन में ऐसे ही लगते थे। इसी उम्र में राम को विश्वामित्र अपने साथ ले गये थे। यज्ञ समाप्त हो चुका था। पुरोहितों की विदाई की जा चुकी थी। वाल्मीकि और वशिष्ठ रह गये थे। कुश और लव को तो खैर कोई छोड़ना ही नहीं चाहता था।

महर्षि वाल्मीकि ने राम से कहा—महाराज, निष्कलंक सीता को तुम ग्रहण करो।

राम ने प्रजा की राय ली। सभी इससे सहमत थे।

वाल्मीकि सीता को ले आए। नगर-भर के लोग एकत्र थे। राम ने प्रजा को सम्बोधित करके कहा—नागरिको, तुम्हारी अनुमति पाकर ही मैं सीता को अपना सकता हूँ। कहो, तुम लोगों की क्या इच्छा है ?

सम्मिलित आवाज आई—सीता हमारी माँ हैं। इनके बिना अयोध्या का सिंहासन बिल्कुल हलका रहेगा।

परन्तु कुछ लोग ऐसे भी थे जो चुप्पी साधे हुए थे। राम और सीता दोनों ने ही लक्ष्य किया। सीता का हृदय व्यथा से टूक-टूक हो गया। उनके मुँह से निकला—माता धरती, तुम फट जाओ तो मैं तुममें समा जाऊँ। अब और अधिक कष्ट नहीं सहा जाता।

लोगों के देखते-देखते सीता के पैरों के नीचे की धरती में दरार पड़ गयी और वह उसमें समा गयी।

हाय-हाय मच गयी। कुश और लव माँ-माँ कहकर रोने लगे। रामचन्द्र संज्ञा-शून्य होकर सिंहासन से लुढ़क पड़े। लक्ष्मण आदि शोक से फटे जा रहे थे। बूढ़ी माताएँ मूर्च्छित होकर गिर पड़ीं। वाल्मीकि चित्र में अंकित व्यक्ति की भाँति जैसे-तैसे खड़े रहे। प्रजाजनों में हाहाकार मच गया।

—नागार्जुन

1

सरयू के सैकत तट पर आसीन
बोले रघुकुल - कमल - दिवाकर राम
दृष्टि सुमित्रानन्दन के प्रति डाल
"तात, यही है बस अपना सीमान्त।
नदी - पार से होता है आरम्भ
शूर - वीर मागध लोगों का राज्य,

बायीं करवट, वाम बाहु उपधान,
दण्ड प्रलम्बित, रखे पैर पर पैर,
डाले दक्षिण कटि पर दायाँ हाथ,
करते हैं गुरुवर थोड़ा विश्राम।
मध्याह्नोत्तर भोजन के पश्चात्—
किसकी झिपती नहीं, बताओ आँख ?

अभी-अभी कुछ ही क्षण के उपरान्त
नदी पार कर हम रक्खेंगे पैर–
उसी भूमि पर, उद्यत ही है नाव।
किन्तु पूछता हूँ मैं तुमसे, वत्स
होगा फिर कब स्वजन समागम, हंत ?
होंगे फिर कब हम अपनों के वीच ?
कहाँ मिलेगा ऐसा सुन्दर देश ?
धन्य हमारा कोसल जनपद धन्य !
सुजल सुफल बहुविध धनधान्य समेत !
लता-गुल्म-तृण-तरु-वल्ली परिव्याप्त !
सरयूजल अभिसिंचित स्फीत समृद्ध !
सुर-नर-मुनि मनमोहन परम ललाम !
कहाँ मिलेगी ऐसी उर्वर भूमि ?
कहाँ मिलेगा इतना सुन्दर देश ?
ऐसी माटी कहाँ मिलेगी वत्स !"
भीतर-ही-भीतर पा करके क्लेश,
विह्वलता से होकर तब अभिभूत,

दिया अनुज ने उत्तर–
"सच है तात !
नहीं मिलेगा ऐसा सुन्दर देश…
नहीं मिलेगी ऐसी उर्वर भूमि…
धन्य हमारा कोसल जनपद धन्य !
सुजल सुफल बहुविध धनधान्य समेत
लता-गुल्म-तृण-तरु-वल्ली परिव्याप्त !
सरयूजल-अभिसिंचित स्फीति समृद्ध !
सुर-नर-मुनि मनमोहन परम ललाम !

नहीं मिलेगी ऐसी उर्वर भूमि–
नहीं मिलेगा ऐसा सुन्दर देश–
कहीं चराचर किंवा त्रिभुवन मध्य,
ऐसी मिट्टी नहीं मिलेगी तात !
धन्य हमारा कोसल जनपद धन्य !

हैं ही यद्यपि हम दोनों के साथ
गाधिपुत्र कौशिक मुनि विश्वामित्र
अति रुचिकर है यद्यपि इनका संग,

यद्यपि होते चलते हैं मालूम—
देश-काल के और पात्र के तथ्य,
सुन-सुन यद्यपि नानाविध आख्यान,
तिल-तिल करके बढ़ता जाता ज्ञान;

फिर भी यह जो अपना अभिजन छोड़;
दूर जा रहे हम पहली ही बार,
सत्य, सत्य कहता हूँ, इससे तात !
मुझको तो होती है वहुत कचोट !

याद आ रहे मुझको बारंवार,
वृद्ध पिता के सजल स्निग्ध वे नेत्र !
शिशिर निशा के हिमाच्छन्न शशितुल्य
माताओं के मुँह आते हैं याद !
विदाकाल के वे मर्मान्तक दृश्य
भूल गए हैं हम जो इतना शीघ्र,
तरुण-सुलभ कौतूहल था वह हेतु
हुआ न जिससे धैर्य हमारा भंग,
और नहीं कुछ, वही एक था हेतु !"

हिला - हिलाकर करपल्लव अभिराम
किया राम ने लक्ष्मण को संकेत
तत्क्षण ही चुप हो जाने के हेतु !
लगा टूटने जव धीरज का वाँध,
शतदल नीलकमल पर से जलविन्दु
ढुलक पड़े दो वार श्वास क्रम दीर्घ
नासापुट कम्पित निस्तेज कपोल !

अग्रज की यह दशा देख सौमित्र
हुए और भी व्यथित हुए निःशब्द।

हंसाकृति उस नौका पर आरूढ़
करते सरयू - गंगा - संगम पार
सावधान हो सुनने लगे कुमार…
सरयू उद्‌गम, तव सुरसरि माहात्म्य—
किस प्रकार गंगाजी की यह धार
भू पर उतरी तज हिमगिरि की गोद ?

किस प्रकार पा सके परम पद, हंत,
कपिल-कोप-परिदग्ध सगर-सन्तान ?
भागीरथी पड़ा क्यों इसका नाम ?
···सुना उन्होंने यह समग्र इतिहास।
मुनि-मुख-पद्म-विनिःसृत सुधा समान,
अपने वंशधरों का यह आख्यान
सुना उन्होंने फिर-फिर देकर ध्यान।
पूर्वजनों का सुन-सुनकर गुणगान,
अरे भरे हैं कभी किसी के कान ?

दक्षिण तट से जा टकराई नाव
उतर पड़े उस पर से तीनों व्यक्ति
नाविक भी तब पाकर आशीर्वाद
विदा हुआ, तब मुनि ने कहा कि राम,
संमुख हो सुरसुरि को करो प्रणाम !
क्या जाने, फिर कब यह पुण्य प्रवाह
हमें मिलेंगे स्नान-आचमन हेतु !
लिये राम ने तब दोनों कर जोड़
मन-ही-मन कर दिया स्तवन आरंभ···

त्रिविध-तापहारिणि गंगे, तुम धन्य !
देवि तुम्हारी महिमा अपरम्पार !
पाकर तेरे जलकण का संस्पर्श
कट जाते हैं युग-युग-संचित पाप।
हट जाते हैं बड़े-बड़े अभिशाप।
सुर-नर-मुनि-किन्नर-विद्याधर यक्ष–
कौन नहीं रहता लालायित, हंत,
दरस-परस मज्जन अवगाहन हेतु ?
क्षुधित जनपदों को कौन करते हैं शान्त,
देवि, तुम्हारे ये उर्वर तट प्रान्त !
रिक्त न रहता जग-जननी का अंक,
धन्य तुम्हारा महिमामय यह पंक !
तुम्हें सौंपते आए हैं हम अम्व,
अपने - अपने वंशधरों की अस्थि।
साक्षी है पृथ्वी साक्षी है आकाश !
देवि दयामयि, करता तुम्हें प्रणाम !
अनुज-सहित यह सांजलि राघव राम···

जोड़ पाणियुग, होकर कुछ नतशीर्ष
किया आचमन दोनों ने तत्काल !

मुनि को देख विलम्ब गए कुछ दूर,
लगे टहलने तट पर राजकुमार।
दिखे दिगन्त प्रसन्न, गगन निर्मेघ
कहा राम ने लक्ष्मण से–'प्रिय वत्स,
ऊपर देखो, नभ है कैसा स्वच्छ ?

नीरज नील निरभ्र परम रमणीय–
ज्यों हो शरद प्रकृति का विजय-वितान
सड़ी घास की, सड़े पात की गन्ध,
अधसूखे कर्दम की गीली वास,
ध्यान खींच लाती है भू पर ओह !

धीरे-धीरे बचकर चलना, वत्स !
बिछे पड़े हैं खुर-कंटक सब ओर।
पशुओं के खुर, चरवाहों के पैर,
छोड़ गए हैं अपनी - अपनी छाप

कल, परसों, तरसों या चौथे रोज,
सो सब परिलक्षित होता है स्पष्ट;
आस-पास ही, निश्चय, हैं कुछ गाँव।

क्रमशः घटती क्रमशः होती क्षीण–
इस धारा की शान्त चपल हिलकोर,
देखो लक्ष्मण ! करती है किस भाँति
सिकतामय सितपट पर बारम्बार
ऋजु कुटिला दोनों लिपि का व्यवहार।

हुए निवृत, किया इंगित चुपचाप,
आगे - आगे चले महामुनि आप,
पीछे-पीछे दशरथ के दो लाल।
तनिक दूर पर मिला विपिन विकराल–
पग-पग पर थे विकट झाड़-झंखार।
डग-डग पर थे वृद्ध वनस्पति ठाढ़।
डालों से लिपटी थी मोटी बेल,
मानो अजगर दिखा रहे हों खेल।
क्षुद्र झींगरों की अविरल झँझकार।

रही विधाता को मानो ललकार !
श्वापद उठते थे रह-रह चीत्कार !
सड़ी लाश की आती थी दुर्गन्ध !
दिवस-निशा में था अभेद सम्बन्ध !
धर कर पगडंडी आगे की ओर,
बढ़े जा रहे थे तीनों (ज्यों चोर–
चलते हैं पैरों की आहट मार !
नहीं थूकना खाँसी, नहीं खखार।)

इस प्रकार जैसे - जैसे वे लोग
सकुशल पहुँचे महारण्य के पार।
वहीं ठहर जाने का हुआ विचार···

लक्ष्मण लाए ढूँढ़ कन्द-फल-मूल !
जल औ' इंधन ले आए श्री राम !
चकमक पत्थर से निकालकर आग,
चेता दी गयी धूनी बस तत्काल।
किया कुमारों ने व्यालू जलपान,
हुए स्वस्थ, पथ क्लान्ति हो गई दूर।

हाथ - पैर धो, पीकर पानी मात्र
मृगछाला पर रहे महामुनि लेट।
लगे चाँपने दोनों उनके पैर···
हुई ताड़का की चर्चा आरम्भ···

कहने लगे महर्षि शान्त गम्भीर—
'सुनो दाशरथि इस वन का वृत्तान्त···
महाविकट राक्षसी ताड़का एक,
दस हजार हाथी की जिसमें शक्ति।
इस वन पर है उसका ही अधिकार।
चारों ओर मचा है हाहाकार !
नहीं इधर से आते-जाते पान्थ।
पशु, पक्षी भी उससे रहते दूर।
आस पास के ग्राम निगम देहात
उस दुष्टा ने डाले सभी उजाड़ !
लगा हुआ है कंकालों का ढेर !
राम देखना दिन में यह अन्धेर।
दुर्गम कानन आतंकित कान्तर,

हमने जो चुपचाप किया है पार
और नहीं कुछ यही एक था हेतु…'

बाल, वृद्ध, रोगी अथवा विकलांग
नहीं किसी को वह सकती है छोड़।
गर्भ भार से मन्थर, यद्यपि चाल,
पुलकित यद्यपि नव शिशु के प्रतिरोम,
फिर भी स्त्रियाँ न पातीं उससे त्राण !
ले लेती है सबके ही वह प्राण।
अशुचि-पूर्ति दुर्गन्धि अमेद्य अवद्य
वस्तु-जात से सहजा उसकी प्रीति।
है न भक्ष्य किंवा अभक्ष्य का भेद…

कहते - कहते कथा अनेक प्रकार,
आधी से भी अधिक हो गयी रात।

तमसाऽऽवृत अगजग, तृण, तरुनिषन्द।
खग-मृग-उरग सभी निद्रा में लीन
अथवा आतंकित बैठे दम साध।

कोटि-कोटि नक्षत्र खचित आकाश,
अमित नेत्रमय मानो श्याम शरीर···
लगे घूमने होकर परम अशंक
भूत, प्रेत, राक्षस, रजनीचर जन्तु।
वृद्ध वनस्पति की लेकर वह ओट
उगा क्षीण प्रभ प्रिय दर्शन शीतांशु।
कृष्णपक्ष की दशमी का शृंगार,
नहीं हर्ष का कर पाया संचार !

मुनि ने कहा कि सो जाओ अब तात !
आधी से भी अधिक हो गयी रात।

XXX

2

आम्र-वृक्ष की छाया में आसीन
मुनि गौतम थे ध्यान-मग्न ज्यों मीन
पड़ा हुआ हो निद्रा सुख में लीन
पुष्करिणी के बीच, अचल निश्चेष्ट।
राम और लक्ष्मण दोनों के हाथ
हुए संपुटित, प्रणत - शीश - संलग्न

"बहुत दूर से महामहिम तव नाम
करता आया इन कानों को तृप्त
किन्तु नयन थे व्याकुल दर्शन-हेतु
आज हुए ये सफल विप्रकुल-केतु।"

मन ही मन दुहराकर ऐसी वात
भूरि-भूरि नत होकर भक्ति समेत
आगे आये दोनों राजकुमार।
शून्यप्राय था आश्रम व्यस्त कुटीर,
यत्र-तत्र तृण उग आये थे हंत !

सारा प्रांगण था संस्कार विहीन।
न तो कहीं पर बिखरे थे नीवार
नहीं कहीं पर वल्कल व मृगछाल
टँगा पड़ा था, विरल-पुष्प-फल वृक्ष
शीर्ण मूल कृमिदष्ट अकाल वयस्क
जिन्हें देखकर यक्ष्मा से आक्रांत
तरुणों का आता था बरबस ध्यान !

आँगन से हटकर कुछ थोड़ी दूर
एक झोंपड़ी थी उत्तर की ओर
वहाँ पहुँचकर देखा अद्‌भुत दृश्य
भू-लुंठित थी नारी प्रतिमा, ओह !
ग्लानि-क्षोभ का वैसा करुण-प्रतीक
देख सामने राम रह गये दंग
मुँह से फूटा नहीं एक भी बोल
वहीं धम्म से बैठ गये तत्काल,
हुए हतप्रभ और व्यथित सौमित्र !

स्थिरमति अग्रज को यों चिंतित देख
लक्ष्मण बोले धनुष भूमि पर टेक—
साधारण-सी इस प्रतिमा में, आर्य !
क्या है जिससे हुआ आपको खेद ?

शांत रहो, बैठो, देखो चुपचाप—
किया राम ने तत्क्षण ही संकेत
रत्न-जटित केयूर वलय से दीप्त
बाहु समेत उठाकर दहिना हाथ।
निर्निमेष थे उनके दोनों नेत्र
पाषाणी का मुखमण्डल था केन्द्र
इस प्रकार अवलोकन में कुछ काल
बीता। तब कौशल्यानन्दन और
पास आ गये, किया मूर्ति को स्पर्श
शिर से लेकर तलवे तक प्रत्यंग
लगे फेरने मनोयोग से हाथ,
यातुधान की लीला-सी वह देह—
हाड़ों का वह शिलीभूत संसार
हिला और बोला जब पहली बार,
दाशरथी को हो आया रोमांच
लगे ताकने वह लक्ष्मण की ओर
दिया अनुज ने भी उत्तर निःशब्द
आर्य जो कहें, उद्यत है यह दास।

खुली पलक, टिमटिमा उठी फिर दृष्टि
हुए दीप्त सहसा गहरे दृग-कूप,
अधरों पर था स्पंदन का आभास
पुनः कराया कर - पल्लव - संस्पर्श
फिर चमकीं आँखें, फिर फड़के ओंठ !

पाषाणी में किया प्राण - संचार
'कौन देव, तुम मेरे हृदयाधार ?
असुर क्रूर, तो सुर होते हैं धूर्त;
क्षणमति होते किन्नर औ' गन्धर्व,
दुर्विदग्ध संशयी, हृदय से हीन
होता मानव, तुम हो उससे भिन्न !
धन्वन्तरि का कर - पल्लव - संस्पर्श
सुनती हूँ, करता अमरत्व प्रदान
घनश्याम, बतलाओ, तुम हो कौन ?
पाषाणी में डाल दिये हैं प्राण।'

कहा राम ने होकर परम विनीत–
'कोसलेश दशरथ के हम हैं पुत्र,
राम-लखन-से साधारण हैं नाम
किया राक्षसों ने भीषण उत्पात,
पूर्णाहुति तक पहुँच न पाये यज्ञ–
उन दुष्टों का ही करने संहार
महाराज से हमको लाये माँग
गाधिपुत्र कौशिक मुनि विश्वामित्र।
राक्षस मारे गए, हुए सम्पन्न–
विधिवत् सुचिर-समीहित सारे याग,
इन्द्र वरुण प्रजापति आदि
सबने पाया अपना - अपना भाग;
पायी हमने मुक्त कंठ आशीष…
उन्हीं महांकुलपति का ले आदेश
निकले हैं अब देश भ्रमण के हेतु;
देवि, हमारा दसवाँ दिन है आज
इस कुटिया में ! हुई आप प्रकृतिस्थ,
अहो भाग्य ! मैं किन्तु पूछ लूँ नाम
गोत्र और कुल…कैसा यह अभिशाप ?'

'गौतम - दार, अहल्या मेरा नाम
यहीं कहीं होंगे मुनि भी हे राम !
दिया उन्हीं ने मुझको यह अभिशाप;
"परनर दूषित, पुंश्चलि, तेरी देह,
हो जाये निस्पंद कुलिश-पाषाण !"
किन्तु वत्स, तेरे शिर पर रख हाथ
सत्य - सत्य कहती हूँ, परमोदार !
साक्षी पृथ्वी – साक्षी है आकाश
हुई नहीं सम्पृक्त किसी के साथ
कभी अहल्या अपने पति को छोड़ !
धर कर पति के आकृति-रूप-स्वभाव
यदि आवे कोई पत्नी के पास–
कहे :
"प्रियतमे, खरतर स्मरशर विद्ध
जर्जर तन, उद्‌भ्रान्त चित्त है आज
नहीं समाहित हो पाता हूँ ओह !
स्मितमुखि, मेरा ताप करो कुछ शांत⋯"

और, वही फिर कुछ क्षण के उपरान्त
आकर कहे कि 'निर्लज्जे, धिक्कार !
छोड़ मुझे रमती सुरपति के संग !!
धारण करके वह मेरा ही रूप
आता है नित, कुलटे, तेरे पास !
रखकर पति की छाती पर जो लात
लेती है परसंगति का आस्वाद
उससे तो वेश्या ही है उत्कृष्ट...”
कहो तात, फिर इसमें किसका दोष ?
सह न सकी मैं मुनि का यह आक्षेप,
लगा टूटने रह - रह कोंढ - करेज
फिर भी किया नहीं मैंने प्रतिवाद,
रोष गरल की भाँति हो गया व्याप्त,
प्रवल ताप से लहू बन गया बर्फ,
ऐंठी जिह्वा, वाक्य हो गये बन्द—
चेष्टाएँ भी रह न सकीं अनिरुद्ध
धराशायिनी बनी, वत्स मैं, हंत !

पत्नी के प्रति पति का वह अन्याय
हुई अहल्या जो पाषाण प्राय,
तात, किया तुमने समुचित प्रतिकार।
पुरुषों पर भी मुझको घृणा अपार
भग्न - दीपिका, सूखी वाती और
चिर अवहेलित कुटिया निर्जन प्रान्त,
स्नेह दान का यह अद्भुत वृत्तान्त
सुन-सुन पुलकित होगा सारा विश्व।
जय जय हे कौशल्यानन्दन राम
पाषाणी करती है तुम्हें प्रणाम…'

लिये अहल्या ने दोनों कर जोड़
उठ न सकी, इतनी दुर्बल थी, किन्तु
लगा प्रवाहित होने अश्रु प्रवाह।

आँसू उसके उत्तरीय से पोंछ
(श्रद्धा आदर ममता यत्न समेत)
राम भद्र बोले :

'रोवें मत, देवि !
अब न आपको होगा कोई कष्ट।'

'कैसे होगा कष्ट कि भू पर, तात !
विद्यमान हैं तुम - जैसे भी लोग
हरने को तन-मन के सारे रोग—
अभिशप्तों के संकट मोचन हेतु,
चिरंजीव हे रघुओं के कुल केतु—'
गद्‍गद हो बोली मुनिपत्नी, 'धन्य !
पाकर तेरे करकमलों का स्पर्श
प्राणवंत हो उठा आज पाषाण !'

'नहीं हुई थीं, अम्ब, आप पाषाण
नहीं हुई थीं, अम्ब आप निष्प्राण—
नहीं - नहीं, अन्तःसलिला मरुभूमि—
सदृश आप भी रहीं चेतनापूर्ण।
उसी समय हो गया मुझे विश्वास—
प्रतिमा है यह नहीं इतर सामान्य...
अब निश्चित है, पति का अनुचित शाप
अंव आप में हो न सका संक्रान्त
कैसे छुएँ किसी को कोई शाप
किया नहीं जब सपने में भी पाप ?
था न कलुष-लवलेश, शुद्ध थीं आप।

किया राम ने घुटने टेक प्रणाम
सपरिक्रम औ' श्रद्धा - भक्ति समेत।

उठकर बैठी मुनि पत्नी सायास
(रूखा - सूखा धमनी संतत गात्र
नहीं रक्त का नाम शंख-सम श्वेत)
रघुनन्दन पर रखकर दाहिना हाथ

लघु-लघु बोली स्वर था अतिशय क्षीण :
'वत्स, राजकुल में पाया है जन्म
कभी बनोगे तुम्हीं कोसलाधीश
फिर चरणों पर नाना दिग्देशीय
अर्पित होंगे शत-शत सुन्दर फूल
(अनाघ्रात अस्पृष्ट सहज कमनीय) !
अन्तःपुर में षोडशियों के मध्य
बिता सकोगे तुम भी फिर दिन रात
शरद शिशिर मधु ग्रीष्म और बरसात—
नहीं अहल्या याद रहेगी तात !

हाथ से छू करके दोनों कान
दाँतों तले दबा कर सहसा जीभ

कहा राम ने :
'कहती हो क्या देवि !
जाऊँगा मैं भला तुम्हीं को भूल ?
नहीं जानतीं तुम रघुकुल की रीति
इसीलिए क्या उपालंभ यह हंत !

'छूकर, अम्ब, तुम्हारे दोनों पैर
होता राघव राम प्रतिज्ञावद्ध;
जीवन भर वह तुम्हें रखेगा याद
नारी के प्रति कभी न होगा क्रूर
नहीं करेगा वह दूसरा विवाह
सदा रहेगा एक पत्निव्रत-शील
चरणों पर जो नानादिग्-देशीय
अर्पित होंगे शत-शत सुन्दर फूल
(अनाघ्रात अस्पृष्ट सहज कमनीय)
नहीं करेगा राघव उनका स्पर्श···

फल ? फूल, माँ वसुधा के शृंगार
अपने - अपने वृन्तों में संश्लिष्ट
रहकर ही लगते हैं क्या न ललाम ?
कभी न मेरे अन्तःपुर के मध्य
होगा षोडशियों का जमघट व्यर्थ
नहीं करूँगा सपने में भी, अम्ब,
क्रयक्रीत दासी का भी अपमान...
छूकर, देवि तुम्हारे दोनों पैर,
होता हूँ मैं आज प्रतिज्ञाबद्ध !

सुनकर यह सब, होकर भावाविष्ट
पतली सूखी दोनों बाँह पसार
मुनि-पत्नी ने लिया राम को खींच
किया शक्तिभर कस-कसकर अश्लेष...

रही लगाये छाती से कुछ देर
फिर बोली वह :
'कौशल्या है धन्य
अनुपम रत्न प्रसविनी जिनकी कोख !

महाराज वह दशरथ भी हैं धन्य
तुमसे उज्ज्वल होगा उनका नाम
धन्य अयोध्या है ही महाउदार,
पाया जिसने तुम-सा राजकुमार
युग-युग जियो दयालु, दीन जनवंधु,
होगी तुमसे प्रजा यथार्थ सनाथ...'

सूँघ लिया मुनि-पत्नी ने फिर माथ
और पीठ पर लगीं फेरने हाथ—
वद्धांजलि नतमूर्ध खड़े थें राम।

बहुत-बहुत पाकर शुभ आशीर्वाद।
चले धनुर्धर जनकपुरी की ओर;
अनुगत ही थे सतत सुमित्रा पुत्र।

X X X

3

प्रमाणित क्या करना है मुझे ?
पावनता अपनी ? अपना शील ?
प्रमाणित क्या करना है मुझे ?
गुह्य शुचिता ? चारित्रिक ओज ?
हाय रे राजा ! हाय री नीति !
हाय री रूढ़िवद्ध जन-भीति !
हाय रे पुरुष ! हाय रे दंभ !
हाय रे एकपक्षीय वह न्याय
इकहरी मर्यादा का बोध
करे साडम्बर नारी - मेध
वने पुरुषोत्तम जग-विख्यात
रचित होगा फिर-फिर इतिहास
हमारा क्या ! हम तो हैं घास !

भूमि से निकले, समाएँगे वहीं
और भला जाएँगे हम क्या कहीं
वही है माता, बस वही है पिता
वही है आसन, वही है चिता

चार दिन रहे भले हम साथ
कि तुमने थाम रखे थे हाथ
अयोनिज मैं, तुम थे अभिजात
तुम्हारा तो था कुल अवदात
जनक थे मेरे पालन हार
नहीं थी मैं औरस सन्तान

कि कोई जोत रहा था खेत
पसीने से लथ-पथ थे गात
मुखर थे कड़ियों में जनगीत
आम्रकानन थे चारों ओर
नदी का तट भी तो था पास
कि टकराई थी हल की नोंक
हो गए थे खड़े अचानक बैल
झुका हल पर हलधर हतवेग
घड़ा निकला ढक्कन से ढका
वज्र-सा ठोस, वज्र-सा पका
बताया था धाई ने मुझे।

बताया था धाई ने मुझे…
जनकपुर में ही बारम्बार—
नहीं है तू इनकी सन्तान
पिता हैं तेरे तो भगवान
भूमि-पुत्री है तू साक्षात्
खुला ढक्कन जब दो दिन बाद
घड़े से निकली थी तू, ओह !
बताया था धाई ने मुझे
वहीं, बचपन में, दसियों बार

बताया था धाई ने मुझे
वहीं, बचपन में दसियों बार
कि ये हैं तेरे पालन हार
खेत में पाई गयी थी तू
वहाँ से लाई गयी थी तू
लाख बतलायें भी ये लोग
न होगी तू इनकी सन्तान
भूमि-पुत्री है तू साक्षात्…
वहाँ, बचपन में दसियों बार
बताया था धाई ने मुझे

छिपाते थे मुझ से सव लोग
वहाँ मेरे प्रजनन की वात,
नृपति की पुत्री थी मैं वहाँ
सुलभ था मुझे सभी का लाड़
रानियाँ बरसाती थीं प्यार
तरुणियाँ थीं सौ-सौ हम-उम्र
तरुण भी थे दस-बीस-पचास
दिव्य-सुख हासिल थे अविराम

क्या न था पिता जनक के यहाँ
दिव्य जन वैसे मिले फिर कहाँ···

बीहड़ पथ के चारण, वज्र-कठोर
ये निसर्गप्रिय, श्यामल, युगल किशोर
इनके लेखे क्या तो है साकेत
राजकीय वैभव का क्या है मूल्य
सभी सिंह-शावक हैं इनके मीत
सर-सरितामय सारी यह तटभूमि
इनका ही है विक्रम-अर्जित राज्य
गिरिजन, वनवासी आते हैं आप
लिए उपायन-राशि, विनीत विमुग्ध
धनुष चलाने का इनका अभ्यास
देख - देखकर सभी हुए हैं दंग
अति-अद्भुत है इनकी वाचा-शक्ति
दूर-दूर तक फैल गए हैं नाम

गाधिवंश - भास्कर गुरु विश्वामित्र
पा जाते यदि इन दोनों को साथ
उद्यत होते भू - परिक्रमा - हेतु
भर जाता उनमें अभिनव उत्साह
करते फिर से दुष्ट-दलन आरंभ
जमता फिर से स्वयंवरों का योग
ताजा होता फिर से वह इतिहास
फिर चलते अभिषेक-वनगमन आदि
क्या होता उस वनादेश का हेतु ?

होगा शासक कलंकिनी का पुत्र !
प्रजा करेगी क्या इसको बर्दाश्त ?
फिर से होंगे रघुनन्दन उद्विग्न...
फिर से देंगे लक्ष्मण को आदेश—
वनवासी हों कम से कम दस वर्ष...
लव-कुश शासक हो सकते किस भाँति
अपनी माँ का वह संक्रमित कलंक
कैसे होगा इन दोनों से दूर !

देकर प्रभु वन जाने का आदेश
हो जाएँगे मूर्छित अपने - आप
सह पाएँगे कैसे पुत्र - विछोह
मर्यादा का पालन रघुकुल रीति
एक मात्र बस वो ही चरम विधेय...

कष्ट सहे हैं जन-मन-रंजन हेतु
आजीवन जिन नरपतियों ने खूब
उनके कुल का रहा यही इतिहास
उन भवनों में ढला यही आचार
अब क्यों होगा इस क्रम में व्यतिरेक ?

निर्वासित हों फिर - फिर राजकुमार
वृद्ध नृपति हों फिर-फिर मूर्छा प्राप्त

भूमि-सुता तो होगी केवल एक
एक बार ही होगा अन्तर्धान
सूर्य वंश की किसी वहू का आज
मेरी जननी लेगी मुझे समेट
पाऊँगी मैं माँ की शीतल गोद

साक्षी होगा यह निर्मल आकाश
साक्षी होंगे चन्द्र - सूर्य - नक्षत्र
साक्षी होगी जह्नु-सुता की धार
मेरी जननी लेगी मुझे समेट
पाऊँगी मैं माँ की शीतल गोद

सोच रही हूँ, कब होगा वह कल्प
वह मन्वन्तर, युगारम्भ का दौर
सोच रही हूँ परिवर्तित वह काल
कैसा होगा, क्या होगी युग-रीति
एक-एक जन बोलेगा जब सत्य
जब न प्रवादों पर नृप देंगे ध्यान

झूठ गलेगी जबकि मोम की भाँति
सहज सुलभ होगा जब सबको न्याय
स्वेच्छा - संयत होंगे जन - समुदाय
झूठ-मूट की ग्लानि, असत्य, प्रवाद
नहीं रहेंगे जन-जीवन में शेष

नर-नारी में मर्यादा के बोध
सम-सम होंगे—सम-सम होगा न्याय
सम-सम होंगे विद्या - बुद्धि - विवेक
टिक सकता है क्योंकर वहाँ प्रवाद
जाग्रत होगी जहाँ परख की आँच

अटे पड़े हों घर-घर में धन - धान्य
स्वर्ण-रजत की लगी हुई हो ढेर
प्रभुता भी हो, यौवन भी हो किन्तु
जन-मन को चाहिए ज्ञान का दीप
सोच रही हूँ, कब होगा वह कल्प

एक बूँद, दो बूँद, चार-छै बूँद
उतर रहा था इतना भर ही दूध
सूख गये थे वत्सलता के स्रोत
भूल गई थी कोमलता का नाम
कैसे - कैसे ये जुड़वाँ - नवजात
अनुप्राणित रह गए प्रसव के बाद
करुणा-विगलित तापसियों के मध्य
हुआ भरण-पोषण इनका किस भाँति
सारी बातें आतीं मुझको याद
कहाँ-कहाँ से इन्हें मिला था स्नेह
किस-किसने बरसाया इन पर प्यार

शब्द-रूप-रस-गंध-स्पर्श···सब बोध
इनमें विकसित हुए साथ ही साथ
किस प्रकार तो फूटे इनके बोल
तुतलाहट में काँपे कैसे होठ
कैसे पाए जननी को पहचान
चलना-फिरना पाए कैसे सीख
हिले-मिले थे मुनि-शिशुओं के मध्य
इनमें-उनमें था क्या कुछ भी भेद

लव था चंचल, जाने कितनी बार
नापे होंगे मृग-छौनों के नेत्र
ले जाते थे उसको अपने साथ
विजन विपिन में अक्सर शबर-किशोर

लाया होगा जाने कितनी वार
लव अपनी कुटिया में वच्चा वाघ
उन्हें छोड़ आता था फिर-फिर आप
करती रहतीं तापसियाँ परिहास
मधु मितभाषी अचपल सहज सुधीर
कुश तो था बचपन में भी गम्भीर

ग्रहनशील थी दोनों ही की बुद्धि
तभी हुआ है ऐसा त्वरित विकास
तभी सभी करते इनकी तारीफ
सोच-सोचकर माँ का ही दुख-दैन्य
हो जाते हैं दोनों कभी उदास

लगता है मुख राहु ग्रस्त शशि तुल्य
क्लेशांकित वे बुझे - बुझे - से नेत्र
तुहिन दग्ध कुवलय होते हैं, ओह !
कौन सकेगा उन आँखों को देख
कुम्हलाया मुख, फीके-निष्प्रभ गाल

क्षेमा ने टोका लव को उस बार—
क्यों रहता है शवर-सुतों के साथ ?
क्यों जाता है शवर-ग्राम की ओर
क्यों न तपोवन तुझे सुहाता, हाय !
क्या ऋषि-कुल की गरिमा के प्रतिकूल
सदा करेगा तू स्वेच्छा-आचार···

● ●

कानों में लटके लघु-लघु रुद्राक्ष
सिर पर शोभित जटाजूट कनकाभ
कटि में शोभित कृष्णाजिन चित्रांक
पग-युग में लकड़ी के नव पदत्राण
नलिन विलोचन, विधुमुख आयतकर्ण
शंखग्रीव, पृथुवक्ष, सुनाभि, सुवाहु···
—क्या होगा इस मुनिकुमार का नाम ?
लगी सोचने त्रिजटा बारंबार

तरुण तपस्वी का, प्रिय दर्शन रूप
सचमुच क्या ऐसा होता है ओह !
लगी सोचने त्रिजटा बारंबार—
ऐसा ही मुख, यही साँवला रूप···
तरुणाई में दिखते होंगे राम
इसी छटा में कौशिक ऋषि के पास
धो देगा वह अपनी माँ की ग्लानि
कर देगा वह उस प्रवाद का अन्त
लगी सोचने त्रिजटा बारंबार

लगी सोचने त्रिजटा बारंबार—
जनकनन्दनी लौटेगी साकेत
आएँगे लक्ष्मण त्रुटि-मार्जन हेतु
विनत बदन श्रीराम रहेंगे मौन
यमज सुतों पर बरसेगी आशीष
छीटेंगे कुलगुरु अक्षत औ' दूब
उत्सव में उत्तराएगा साकेत
सरयू - तट पर गूँजेगा संगीत
रघुकुल-कीर्ति-कथा के सौ-सौ छन्द
मुखरित होंगे वीणा में दिन-रात
यमज कुमारों का होगा अभिषेक
यही बनेगा तव शायद युवराज
लगी सोचने त्रिजटा बारंबार...
आई थी मिलने सीता से आज
रात्रिशेष में देखा था दुःस्वप्न...
गई सखी वन्या-प्रवाह में डूब
जाऊँ, देखूँ, हाल करूँ मालूम
कामरूपिणी लंकापति - सन्तान
पहुँची थी त्रिजटा तमसा-तट-देश

• •

किंकर्तव्यविमूढ़,   विषाद - निमग्न
खड़े रह गए सारी रात महर्षि···

रात्रिशेष के वासंतिक संकेत
निष्प्रभ शशि ने मान लिए चुपचाप
भूमिसुता का सात्विक अन्तर्धान
वार-बार भरता था मन में टीस
खड़े रह गए सारी रात महर्षि

सूनी-सूनी तमसा की तट भूमि···
महाकाल का निर्मम क्रीड़ा क्षेत्र···
आज हुआ था रामकथा का अन्त !
खड़े रह गए सारी रात महर्षि···

श्मश्रु कूर्च-धवलित, स्थावर मनुरूप
चर्मसार, अतिवृद्ध, प्रलंबित गात्र
भू पर खड़ा रहा ज्यों संज्ञाशून्य

आतंकित खगमृग कृमि कीट भुजंग
दूर-दूर ही रहे, न फटकें पास
सिरज गई सीता अभिनव इतिहास
धरती पर था खड़ा कल्पना-पुत्र
रुक न रहा था अविरल अश्रु-प्रवाह
प्रतनुजला तमसा कैसे तो, ओह;
प्रशमित कर पाएगी अन्तर्दाह

पहले उमड़ी थी फेनिल जलराशि
मटमैली आभामय चारों ओर
हुए विदीर्ण धरा के कोमल वक्ष
कई क्षणों तक गूँज गया आकाश
आसन-सहित हुई वह अन्तर्लीन
भूमि-गर्भ में समा गयी स्वयमेव
यह तो था उसका इच्छा अवसान
फटी दरारें जुड़ीं आप से आप···

शेष बचा था वहाँ न कोई चिह्न
भूकम्पन का/मात्र बालुका - राशि
छितराई थी, भास्वर था परिपार्श्व
उपलखंड दस - बीस - पचीस - पचास
चमक रहे थे, पांडुर, विद्रुम-कान्ति
कहीं - कहीं पर चन्दनगंधी पंक
मन - प्राणों में भरता था आमोद
पीली माटी की वो गन्ध - गरिष्ठ
थी अपूर्व, थी अद्‌भुत, उत्कट वास

कल तक थी वह, आज नहीं है, हाय !
छोड़ गई है हमें यहाँ निरुपाय···
देख सकेगा उसे यहाँ अब कौन
सब विषाद में डूबे हैं, सब मौन
तृण-तरु-लता···सभी तो हैं निःस्पन्द
हुआ समीरण अकस्मात क्यों बन्द
क्या तो दें तमसा के रुद्ध प्रवाह
पुलिन - द्रुमों को शोकान्तक सन्देश

महामूक हो गया वृद्ध बट वृक्ष
जटा-जाल में सुलग उठेगी आग
कौन उसे पाएगा अभी सँभाल
झुलस न जाएँ पीपल के नव पर्ण···
होंगे क्या वे वारंवार विवर्ण।

पालित पशु भी बन जाएँगे वन्य
खुजलाया है तुमने ग्रीवामूल
सहलाई है तुमने उसकी पीठ
वह हिरनौटा, वह प्यारा चित्रांग
होगा निश्चय बाघिन का आहार
हो जाएगी हैमवती बीमार
बछिया को क्या पीने देगी दूध···

मातृ-कुक्षि में समा गई हो पुत्रि
करो वहीं पर निर्विकल्प विश्राम
सुनकर शायद दुखी न होंगे राम
होगा लक्ष्मण को भारी परिताप
लव-कुश वापस जाएँगे साकेत

मैं ही रह जाऊँगा ठूँठ - समान
तपोभूमि का यह संरक्षित रूप
हो जाएगा अब निश्चित ही लुप्त
खग-मृग सारे ही होंगे स्वच्छंद
खुली प्रकृति होगी अनुशासनहीन
ऋतुओं का स्थापित होगा फिर राज्य
कहीं नहीं दीखेंगे पर्ण - कुटीर
सूझ - समन्वित श्रम का कोई चिह्न
शेष न होगा/होगा प्राकृत दृश्य

* * *

कथा-प्रसंग

रघुकुल कमल दिवाकर राम और सुमित्रानन्दन लक्ष्मण सरयू-तट पर बालू पर आसन मारे बैठे हैं। लक्ष्मण की आँखों में आँखें डालकर राम ने कहा—भाई, बस यहीं सीमा समाप्त हो रही है। उस पार से मगध राज्य शुरू हो जायेगा। वहाँ के लोग बड़े शूर-वीर हैं।

थोड़ा हटकर गुरुवर विश्वामित्र विश्राम कर रहे हैं। बायीं बाँह पर सिर रखे सीधे बायीं करवट लेटे हुए हैं। पैर पैर पर और दायाँ हाथ कमर के दायें भाग पर पड़ा है। भोजन के बाद दुपहरिया में भला कौन नहीं अलसा जाता है ?

कुछ देर बाद हम नदी के उस पार पैर रखेंगे। नाव तैयार ही है। अपना कोसल देश, अपने लोग, फूल-फल से भरा अपना प्यारा सरयू जल अभिसिंचित, धन-धान्य-पूर्ण सुर-नर-मुनि सबके मन मोहने वाली मातृभूमि हमसे दूर हो जाएगी। राम भाव-विह्वल होकर दुख प्रकट कर रहे हैं कि फिर कब दर्शन हो पायेगा।

राम की विह्वलता देख लक्ष्मण भी आकुल हो उठते हैं। सचमुच ऐसा सुन्दर, ऐसी उर्वर अपनी प्यारी भूमि, ऐसी मिट्टी त्रिभुवन में कहाँ मिलेगी !

दोनों भाई यद्यपि विश्वामित्र जैसे महर्षि के साथ हैं। उनसे देश-काल और पात्रों का ज्ञान मिल रहा है। कहानियाँ सुनने को मिल रही हैं। लेकिन जब भी बूढ़े पिता दशरथ की भीगी-भीगी आँखें और माताओं के दुख से कुम्हलाये मुँह याद आते हैं, कलेजा फटने लगता है। हालाँकि वे बाहर घूमने की तरुण-सुलभ जिज्ञासावश यहाँ आने के लिए खुशी-खुशी तैयार हो गये थे। अब दोनों भाई व्यथित हो रहे हैं। आँखें भर आई हैं, धीरज का बाँध टूट रहा है, लेकिन खामोश हैं।

इसके बाद विश्वामित्र के साथ वे हंस की तरह दिखने वाली नौका पर सवार हो सरयू और गंगा के संगम को पार कर रहे हैं। मुनि सरयू के उद्गम और भागीरथ

द्वारा लायी गई गंगा की महिमा और इतिहास बता रहे हैं। अपने पूर्वजों का गुणगान सुनकर राम-लक्ष्मण के कान तृप्त हो रहे हैं।

नाव किनारे लगी। तीनों उतर गये। विश्वामित्र के कहने पर राम ने गंगा को प्रणाम किया, मन ही मन उनकी प्रार्थना की जिनके दर्शन, मज्जन, पान से तीनों ताप मिट जाते हैं। युग-युग से संचित पाप मिट जाते हैं। जिनकी गोद में वंशधरों की अस्थि समर्पित है, उस गंगा को राम लक्ष्मण सहित जल चढ़ाते हैं। इसके लिए सुर-नर-मुनि-विद्याधर-यक्ष—भला कौन लालायित नहीं रहता ? गंगा अपने किनारे के खेतों में अपना पवित्र महिमामय पंक पसार देती है जिसमें इतना अन्न उपजता है कि उस प्रान्त में कोई भूखा नहीं रहता।

ऊपर आसमान साफ है। फिर भी कीचड़ में सड़ी घास-पात की दुर्गन्ध नाक में घुस रही है। रास्ता खुरदरा है, पाँव में चुभ रहा है। नदी की धार पतली होती गयी है। किनारे पर हलकी दरारों को देखकर लगता है जैसे सीधी-तिरछी लिपियाँ हों। निश्चय ही आगे कुछ गाँव होंगे। दोनों भाई शौचादि कर्म से निवृत्त होकर विश्वामित्र के पीछे-पीछे चलकर भयानक जंगल में जा पहुँचते हैं। चारों ओर झाड़झंखाड़, बूढ़े वृक्षों से लिपटी मोटी लताएँ हैं मानो अजगर हिल-डुल रहे हों। झींगुरों की लगातार झें-झें, कुत्तों की भौं-भौं के बीच सड़ी लाशों की दुर्गन्ध झेलते हुए शून्य अँधेरे में तीनों चुपचाप बढ़ते हुए जंगल से पार हुए। फिर वहीं ठहरने का विचार कर रुक गये।

इधर-उधर से ढूँढ़कर लक्ष्मण कन्द-मूल-फल ले आये। लकड़ी और पानी ले आए राम। पत्थर से आग निकालकर धूनी जला दी गयी। कुछ खा-पीकर तरोताजा हो मुनि के पाँव दबाने बैठ गये। हाथ-पाँव धो केवल जल ग्रहण कर मुनि मृगछाल पर लेटे थे। उन्होंने ताड़का की चर्चा आरम्भ की। ताड़का बड़ी भयानक राक्षसी है। दस हाथियों का बल रखती है। इस वन पर उसका ही अधिकार है। हाहाकार मचा रखा है। आस-पास की आबादी उजाड़ डाली है। बटोही क्या पशु-पक्षी भी इधर नहीं फटकते। कंकालों का ढेर लगा है। दुर्गम वन में आतंक का यह अंधेर दिन में देखना। उसी के भय से हमने भी चोरों की तरह चुपचाप जंगल पार किया। बच्चे, बूढ़े, रोगी अथवा लूले-लँगड़े, गर्भिणी माताएँ, मुस्कुराते शिशु—वह किसी को नहीं छोड़ती। तामसी वृत्तियों वाली वह राक्षसी भक्ष और अभक्ष कुछ भी नहीं मानती।

मुनि कहानियाँ सुनाते गए। रात आधी बीत गई। पेड़-पौधे, पशु-पक्षी, सारा संसार ही अंधकार और नींद में मानो आतंक से दम साधे पड़ा था। आकाश तारों से भरा मानो साँवरी देह में आँखें ही आँखें हों। भूत-प्रेत, राक्षस, बनैले जन्तु निर्भय घूम रहे हैं। तभी सूखे पत्ते की ओट से पीला पड़ा शरद का चाँद उग आया। कृष्ण पक्ष का दशमी का यह सौन्दर्य मन में उल्लास नहीं जगा पा रहा है, आतंक का ऐसा साम्राज्य है। तभी मुनि ने उन्हें सो जाने को कहा क्योंकि रात आधी बीत चुकी।

●●

मुनिवर गौतम आम के वृक्ष की छाया में आसन मारे ध्यान में डूबे बैठे हैं। पोखरे के बीच में नींद में पड़ी जैसे एक मछली हो; मुनि हिलडुल तक नहीं रहे हैं। राम और लक्ष्मण के हाथ जुड़ जाते हैं, श्रद्धा से माथा झुक जाता है। उनके मन में तरह-तरह के विचार उठने लगते हैं। जिस महामुनि का नाम बहुत दिनों से कानों को तृप्त करता आ रहा था, आज उसके दर्शन करके नयन भी तृप्त हुए। किन्तु आश्रम का सूनापन और कुटियों की अस्त-व्यस्तता खल रही थी। मृग-छाला, वल्कल परिधान अथवा पशुओं के लिए चारा कुछ भी तो नहीं था वहाँ। फल-फूल विहीन पुराने सूखे, कीड़े खाये हुए पेड़ थे—जिन्हें देखकर लगता था, जैसे तपेदिक से पीड़ित युवक हों।

आँगन से हटकर थोड़ी दूर पर उत्तर की ओर एक झोंपड़ी थी। वहाँ का दृश्य देखकर दोनों भाई ठिठक जाते हैं। ग्लानि और क्षोभ के करुण प्रतीक जैसी एक नारी प्रतिमा पथराई-सी जमीन पर पड़ी थी। राम को जैसे काठ मार गया। धम् से जमीन पर बैठ गये। इसे देखकर लक्ष्मण भी हतप्रभ और व्यथित हो धीरज बँधाते हुए जमीन पर धनुष रखते हुए राम से बोले—

"साधारण-सी इस प्रतिमा में, आर्य !
क्या है जिससे हुआ आपको खेद ?"

राम ने आभूषण से चमकते हुए दाहिने हाथ को उठाकर शान्त रहने का संकेत किया और अपनी दृष्टि उस पाषाणी प्रतिमा के मुखमण्डल पर जमा दी। कुछ देर अपलक देखते रहे। फिर पास जाकर मूर्ति का स्पर्श करने लगे। सिर से लेकर तलवे तक अंग-भंग पर स्नेह से हाथ फेरते रहे। तभी राक्षसी लीला की तरह

हड्डियों के पथराये हुए उस ढाँचे में कम्पन हो आया। राम रोमांचित हो उठे। लक्ष्मण की ओर देखा, लक्ष्मण भी जैसे कुछ बोल न सके। अग्रज से आदेश पाने के लिए उत्सुकता से प्रतीक्षा करते रहे।

प्रतिमा की आँखें खुलीं, फिर दृष्टि का दीपक टिमटिमा उठा। आँखों के गढ़े में रोशनी लौट आयी। होंठ फड़क उठे। जब राम ने उनका स्पर्श अपने कर पल्लव से कराया, प्रतिमा बोल उठी—"पाषाणी में प्राण संचार करने वाले, हे देव, मेरे हृदय के आधार पर घनश्याम स्वरूप आप कौन हैं ? दानव क्रूर होते हैं तो देवतागण धूर्त, किन्नर और गंधर्व स्थिरमति नहीं होते तो मानव भी पूरे शक्की और हृदयहीन होते हैं। साथ ही थोड़ा-सा ज्ञान होने पर भी गर्व में झूमते रहते हैं। सुना है आदि वैद्य धन्वन्तरि के कर पल्लव के स्पर्श से अमरत्व की प्राप्ति होती है।"

विनीत भाव से उत्तर देते हुए राम ने कहा कि वे कौशल्यापति दशरथ के पुत्र हैं। राम और लक्ष्मण छोटा-सा नाम है। इधर राक्षसों ने भीषण उत्पात मचा रखा था। कोई भी यज्ञ सम्पन्न नहीं होने देते थे। उन दुष्टों को ही ठिकाने लगाने के लिए हमें पिताजी से माँग कर कौशिक मुनि विश्वामित्र ले आये। वे राक्षस सब मारे जा चुके हैं। विधिवत् सारे यज्ञ सम्पन्न हो चुके हैं। देवताओं ने अपने-अपने भाग पाये। हमें ढेर सारा आशीर्वाद मिला। उन्हीं महाकुलपति मुनि विश्वामित्र से आदेश लेकर हम इधर घूमने निकले हैं। आज हमारा दसवाँ दिन है। इस कुटी में आया, आप स्वस्थ हुईं। हमारा अहोभाग्य ! कृपा कर अपना नाम, गोत्र और कुल तो बताइए। किस अभिशापवश आप पत्थर हो गयीं ?

सचल हुई पाषाण मूर्ति भाव में बह चली, बोलती चली गई कि वह गौतम ऋषि की पत्नी अहल्या है। मुनि के शापवश वह कठुआ कर पाषाण हो गयी। मुनि के वेश में रूप बदलकर इन्द्र अहल्या के पास आते रहे। उसने उस छल को नहीं समझा। फिर इस पाप का भागी वह कैसे हो भला ! जब पति का रूप धर कर कोई उसकी पत्नी के पास आकर छल करे तो इस परसंगति से वह वेश्या तो नहीं हो जायेगी ! इसमें उसका क्या दोष ! लेकिन मुनि गौतम इस छल-सत्य को बर्दाश्त नहीं कर पाये। उसे दूषित, कुलटा, निर्लज्ज कहते हुए गुस्से से काँपते हुए धिक्कारते गए और इधर अहल्या का पति को समर्पित शरीर अन्दर से टुकड़े-टुकड़े होता गया। और ऊपर से लज्जा, क्षोभ, ग्लानि, रोष एवं पश्चात्ताप के गरल की घूँट से जमता चला गया। जीभ ऐंठ गयी, बोल बन्द हो गये। शरीर की गति रुक गयी और धरती

पर गिर पड़ी। भला जब पत्नी को पति ही न समझ पाये, उसकी खोज-खबर न रखे, तो पत्थर कैसे न हो जाए। उसे पुरुष वर्ग से घोर घृणा हो गई है। लेकिन आज राम ने अन्दर-बाहर से उसे बदल डाला। इन शब्दों में अहल्या राम के प्रति आभार प्रकट करती हुई यशस्वी होने का आशीर्वाद देती हुई कहती है कि उपेक्षित इस निर्जन कुटिया में टूटे दीपक की सूखी बाती को स्नेह से भिगो कर ज्योति-दान देने की राम की यह अद्भुत कहानी सुनकर सारा संसार पुलकित हो उठेगा। पुलकित रोम-रोम से अहल्या राम के आगे साभार झुक जाती है–

> "जय जय हे कौशल्यानंदन राम
> पाषाणी करती है तुम्हें प्रणाम..."

राम अहल्या के आँसू पोंछते हुए, श्रद्धा और ममता भरे शब्दों में कहते हैं–हे देवी, मत रोएं, अब से आपको कोई कष्ट न होगा।

अहल्या कृतार्थ हो गई। कृतज्ञता से गद्गद होती हुई बोली–"भैया, जब तक तुम्हारे जैसे लोग अभिशप्तों के दुख हरने के लिए पृथ्वी पर हैं, कष्ट कैसे होगा ? मुनि-पत्नी बार-बार आशीर्वाद देती रही, आभार प्रकट करती रही कि धन्य हैं राम जिनके कर-कमलों के स्पर्श ने पत्थर में जान डाल दी।

राम अहल्या को आश्वस्त एवं स्फूर्त करते हुए उत्साह देते हैं कि हे माँ ! आप तो पत्थर हुई ही नहीं थीं। मरुभूमि में जमीन के नीचे बहने वाली धारा की तरह ऊपर से बेजान लग रही थीं। मुझे तो पहले ही विश्वास हो गया था कि आप पाषाण की प्रतिमा पाषाणी नहीं, मूर्च्छाग्रस्त मानवी हैं। आपको पति द्वारा दिया गया अनुचित शाप कैसे छू सकता था भला ! सपने में भी कभी पाप नहीं किया आपने। बे-दाग शत-प्रतिशत शुद्ध थीं आप। इस तरह अहल्या को समझाते हुए राम श्रद्धा से उसकी प्रदक्षिणा करते हैं और भक्ति से झुककर प्रणाम करते हैं।

तभी अहल्या प्रयास करके किसी तरह उठ बैठती है। रूखा-सूखा शरीर रक्तविहीन उजली पड़ी धमनियों का जाल मात्र रह गया हो। दायाँ हाथ उठाकर धीरे-धीरे बोलती चली गयी–बेटे, राजपुत्र हो तो अवध के राजा बनोगे ही। फिर तो तुम्हारे भी चरणों पर देश-विदेश से आए, बिना सूँघे हुए, बिना छुए हुए सैकड़ों कमनीय फूल चढ़ाए जायेंगे। अन्दर महल में षोडशियों के साथ अलग-अलग मौसमों का मजा लेते हुए समय बिताओगे। तब यह अहल्या थोड़े ही याद रहेगी।

यह सुनकर राम दाँतों तले जीभ दबा लेते हैं। हाथों से दोनों कान छूते हुए संकल्प-भरे स्वर में बोल पड़ते हैं—नहीं ! नहीं ! माँ, यह क्या कह रही हो ! रघुवंशी ऐसी भूल कभी नहीं करते।

रघुवंशी राम प्रतिज्ञा करते हैं कि वे अहल्या को याद रखते हुए नारी के प्रति कभी भी क्रूर नहीं होंगे। न तो दूसरा विवाह ही करेंगे। एक पत्नीव्रत पर आरूढ़ रहेंगे। जो सैकड़ों कमनीय फूल चढ़ाने के लिए लाये जायेंगे, उनका स्पर्श तक नहीं करेंगे। फूल तो फूल हैं। धरती माता के शृंगार के लिए खिलते हैं। अपने पेड़ों से लगे हुए ही सहज सुन्दर लगते हैं। राम आगे प्रण करते हैं कि वे अपने यहाँ षोडशियों का मेला नहीं लगने देंगे। खरीदी हुई दासी तक का अपमान नहीं करेंगे। ऐसा विश्वास दिलाते हुए जब राम मुनि-पत्नी के दोनों पाँव छूते हैं तो अहल्या का मातृत्व उमड़ पड़ता है। कहती है—धन्य है कौशल्या जिसकी कोख से ऐसे बेजोड़ हीरा ने जन्म लिया। महाराज दशरथ भी धन्य हैं जिनका नाम राम से उज्ज्वल होगा। साथ ही धन्य है वह अयोध्या भूमि जिसने ऐसा राजकुमार पाया। युग-युग जिओ। तुम्हें पाकर प्रजा कभी टुअर नहीं होगी। मुनि-पत्नी बोलती चली गयी और स्नेह से राम को सूँघती रही। पीठ पर हाथ फेरती रही। हाथ जोड़ सिर झुकाए खड़े रहे राम।

बहुत-बहुत शुभाशीर्वाद ग्रहण कर धनुर्धर राघव जनकपुर की ओर चल दिए। पीछे-पीछे लक्ष्मण भी चले।

● ●

'भूमिजा' नामक प्रबन्ध कविता का प्रसंग सीता वनवास काल से लिया गया है। पूरा प्रबन्ध आत्मालाप शैली में है। क्रमशः स्वयं सीता, फिर त्रिजटा और अन्त में वाल्मीकि स्वतः स्फूर्त अभिव्यक्त होते हैं। तीनों कड़ियों के जुड़ जाने से भूमिजा का आख्यान पूर्ण होता है।

लंका विजय के उपरान्त, वनवास के चौदह वर्ष पूरे कर अयोध्या वापस आकर राम गद्दी पर बैठते हैं। इसके बाद ही रामायण का सबसे दुखद अध्याय प्रारम्भ होता है। जिस सीता के लिए लंका कांड के रूप में इतना बड़ा संग्राम हुआ, उसी सीता को प्रजा-वर्ग से एक धोबी द्वारा उनके लंका निवास-अवधि के सन्दर्भ में लांछित

किए जाने के कारण पुनः वनागमन करना पड़ता है।

वन में सीता को रामायण-प्रणेता महामुनि वाल्मीकि के आश्रम में स्नेहाश्रय प्राप्त होता है।

रावण की पराजय के बाद राम के शिविर में आने के बाद सीता ने अग्नि-परीक्षा द्वारा अपनी पवित्रता प्रमाणित कर दी थी। फिर भी उसे अयोध्या आने पर अपने ही लोगों द्वारा चरित्र पर उँगली उठाये जाने क़ी वजह से यह दिन देखना पड़ा। इसका उसे बहुत सदमा है। सीता रघुकुल की एकपक्षीय मर्यादा और न्याय के प्रति व्यंग्यपूर्ण नारी-सुलभ आक्रोश व्यक्त कर रही है। आखिर वह बार-बार अपनी पावनता, अपनी चारित्रिक शुद्धता के पक्ष में सफाई क्यों दे ? इतिहास में अपना नाम अंकित करवाने वाले पुरुषोत्तम राजा अपनी कीर्ति की रक्षा कर रहे हैं तो सीता जैसे सामान्यजन को क्या लेना-देना है। राजतन्त्र में पोषित राम की नीति के विपरीत सीता अपने को लोक कुल में पनपे हुए घास की तरह देखती है। इस सोच से उसे आत्म मर्यादा का उच्च भाव-बोध होता है। आज उसे अपने जन्म की कथा की याद आ रही है जो जनकपुर में उसकी धाई ने दसियों बार बताया था। सीता किसी के गर्भ से पैदा नहीं हुई थी। वह भूमि से जन्मी धरती की बेटी है। धरती उसके लिए माँ-बाप, बिस्तर-बिछावन सब कुछ है। अन्त में वही धरती चिता भी बनेगी। ज़नक तो उसके पालनहार भर थे। उसे खुशी है कि राम का अभिजात कुल सीता को पचा नहीं सका। वह पुनः अपनी माँ के ममतामय आश्रय में लौट आयी है।

सीता के प्रादुर्भाव का प्रसंग है—नदी के किनारे आम के बगीचे वाले खेत में हल जोता जा रहा था। अचानक बैल रुक गये। हलवाहा पसीने से भीग गया। होंठों से निकल रहा गीत थम गया। झुककर देखा। हल की नोक से लगा ढक्कन से ढका एक ठोस घड़ा निकला। उसी घड़े से सीता निकली। खेत में पायी गई—इसीलिए सीता कहलाई। वह राजा जनक के कुल की सन्तान नहीं है। भूमिजा है। इस बात को राजा और बाकी सब कोई उससे छुपाते थे। वहाँ रानियाँ, तरुण-तरुणियाँ जो भी थे, सभी उसे जनकनन्दनी जानकी समझते थे। वैसा लाड़-प्यार भी मिलता था। समस्त दिव्य-सुख उसे सदा उपलब्ध थे। इतना ही नहीं, जैसे-जैसे विद्वान महात्मा और दिव्यजनों का सान्निध्य जनकपुर में मिलता था, वह और कहाँ कहीं मिला ? इस तरह सीता अपनी लोकतन्त्री मातृभूमि, विदेहराज जनक और वहाँ के

सम्बुद्धजनों की तुलना अयोध्या के कृत्रिम मर्यादा के बने आडम्बर से करती हुई मानो अपने त्रिकाल का लेखो-जोखा कर रही हो और इस मध्य अपने जुड़वाँ बेटे लव-कुश के विषय में सोचते-सोचते उनमें खो जाती है।

लव और कुश बाधाओं से भरे जंगली बीहड़ पथ पर घूमते रहते हैं। दोनों वज्र के समान मजबूत हैं। प्रकृति के प्यारे हैं। प्रकृति को ही प्यार करते हैं। इनके लिए साकेत अयोध्या का राजकीय वैभव कृत्रिम है। बाघ के बच्चों से दोस्ती है। तालाब और नदी किनारे का क्षेत्र मानो इनका ही राज्य है। जंगली पहाड़ी लोग इन्हें चढ़ावा दे जाते हैं। इनका धनुष चलाना देखकर लोग दंग हैं। अद्‌भुत वाक्‌पटुता की वजह से दूर-दूर तक नाम फैल गया है। सीता सोच रही है कि आज अगर यहाँ गुरुवर विश्वामित्र रहे होते तो इन्हें देखकर उनमें एक बार फिर से उत्साह भर जाता। राक्षसों को मारने के लिए इन्हें साथ लेकर भू-परिक्रमा के लिए फिर निकल पड़ते और कहीं न कहीं स्वयंवरों में भाग लेने के संयोग भी मिलते। फिर से इतिहास ताजा होता। फिर से राजगद्दी और वनगमन आदि का नाटक दुहराया जाता। लेकिन तब वन भेजने के आदेश की वजह क्या होती ?

सीता यहाँ पर आकर ठमक जाती है क्योंकि कलंकिनी का पुत्र अयोध्या का राजा हो इसे वहाँ की प्रजा कैसे बर्दाश्त करेगी। फिर, फिर से राम उद्विग्न होकर लक्ष्मण को आदेश नहीं दे देंगे कि लव-कुश कम से कम दस वर्षों के लिए वनवास ग्रहण करें। भला अपनी माँ के कलंक को धोने वाले ये दोनों कैसे शासक हो सकते हैं ? फिर तो अपने पुत्रों को वन जाने का आदेश देकर राम भी अपने आप मूर्च्छित हो जायेंगे। सीता को इस कल्पना से अन्दर ही अन्दर हँसी भी आ जाती है कि मर्यादा-पालक रघुकुल भला पुत्र-विछोह कैसे सहन कर सकेगा। आज तक रघुकुल के राजाओं ने जन-मन-रंजन इसी आचार-संहिता को दुहराया है। यह क्रम किस तरह टूट सकता है भला ? बार-बार राजकुमार निर्वासित होते रहें और बूढ़े राजा मूर्च्छा प्राप्त करते रहें। इससे क्या ? भूमि सुता तो एक बार ही पैदा हुई है और वह सूर्यवंश की किसी बहू के रूप में पहली और आखिरी बार अपनी जननी मातृभूमि की शीतल गोद में अन्तर्धान होगी। सचमुच इसका साक्षी आकाश, चन्द्र, सूर्य, तारे और गंगा की धारा ही होगी।

ऐसा सोचते-सोचते सीता युग-परिवर्तन के उस दौर की कल्पना करने लगती

है जब आडम्बर, प्रवाद और झूठी प्रतिष्ठा को कहीं जगह नहीं मिलेगी। जब सभी सच बोलेंगे, झूठ मोम की तरह गल जायेगा। सभी को न्याय सहज सुलभ होगा। हर कोई स्वतः अनुशासनबद्ध रहेगा। राजा अफवाओं पर ध्यान न देंगे। जन-जीवन में ग्लानि होगी ही नहीं। नर-नारी—दोनों के लिए मर्यादा, न्याय, विद्या, बुद्धि विवेक—समान होंगे। सही जाँच-पड़ताल के बाद ही किसी को दोषी सिद्ध किया जा सकेगा। घर में सोना-चाँदी, अन्न-वस्त्र आदि कुछ हो, प्रभुता भी हो, यौवन भी हो, किन्तु जन-मन को पहले तो ज्ञान का दीपक चाहिए। ऐसा युग-परिवर्तन कब होगा ?

सीता की सोच एक बार पुनः अपने प्राण-प्रिय दोनों बच्चों पर केन्द्रित है। लव-कुश अभी दूध पीते शिशु ही थे तभी छाती सूखने लगी। स्नेह-स्रोत सूख गया था। दो-चार बूँद ही दूध उतर पाता, फिर भी तापसियों ने इतने प्यार से इन्हें पाल-पोसकर बड़ा कर दिया। किस-किसने इन पर स्नेह न बरसाया। सब कुछ याद आ रहा है आज। लव-कुश शुरू से ही बड़े तेज थे। पंचतत्व बोध तक उन्हें उसी समय प्राप्त हो गया। किस प्रकार इन्होंने बोलना सीखा, तुतलाने लगे, माँ को पहचाना, चलने-फिरने और मुनि कुमारों से हिल-मिल गये। सब कुछ सीता की भाव-भूमि पर रील की तरह चलते रहे।

लव शुरू से ही चंचल था। मृग-छौनों की आँखें नापा करता था। भील बालकों के साथ जंगल चला जाता। जाने कितनी बार बाघ के बच्चे पकड़ कर लाता और फिर उन्हें छोड़ आता। मुनि कन्याएँ उसे बराबर छेड़ती रहतीं। दूसरी ओर कुश कम बोलता, शान्त, गम्भीर रहता। दोनों में तुरन्त बात समझ लेने की अद्‌भुत क्षमता थी। दोनों का बड़ा तेजी से विकास हुआ है। तभी तो सभी इतनी तारीफ करते हैं। खुश-दिल दोनों बच्चे केवल अपनी माँ की तकलीफों के विषय में उदास हो जाते। उस समय उनके चाँद-से प्यारे मुखड़े को ग्रहण मार जाता। दुख से कमल-नेत्रों को मानो पाला मार जाता। सीता उनकी कुम्हलायी सूरत सह नहीं पा रही है।

तभी सीता को याद आता है, एक बार क्षेमा नामक मुनि कन्या ने उदास लव को टोका था कि वह तपोवन से कटा-कटा भील बालकों की संगत में क्यों रहता है ? यह स्वेच्छाचार इस ऋषि कुल की परम्परा के अनुकूल नहीं है।

किशोर लव-कुश तरुण तपस्वी की तरह लग रहे हैं। इन्हें देखकर त्रिजटा

भ्रम में पड़ जाती है कि ये हैं कौन ? इस उम्र में मुनि विश्वामित्र के साथ राम भी तो ऐसे ही दीखते होंगे। वैसा ही मुँह, वैसी ही साँवली सूरत। कानों में लटके हुए छोटे-छोटे रुद्राक्ष, सिर पर सुनहरी जटाएँ, कमर में लिपटी हरिण की छाल, पैरों में लकड़ी की खड़ाऊँ। कमल-नयन, चन्द्र-मुँह, लम्बे कान, शंख-सी गर्दन, चौड़ी छाती, सुन्दर नाभि, लम्बी भुजाएँ··कौन हैं ये ?

त्रिजटा सीता की जिज्ञासा करने के लिए चली आई थी। रात्रि के अन्तिम पहर में बुरा स्वप्न देखा था कि उसकी सखी बाढ़ में डूब गयी है। हाल-चाल लेने के लिए राक्षसी त्रिजटा लंका से यहाँ तमसा तट पर पहुँची थी। तभी उसने इन कुमारों को देखा और सोचने लगी कि ये बालक उस अफवाह को मिटा कर रहेंगे—जिससे उनकी माँ गली जा रही है। और, फिर लक्ष्मण क्षमा माँगने आएँगे। राम सिर झुकाये खामोश रहेंगे। जानकी अयोध्या लौट जायेगी। जुड़वाँ भाइयों पर दूर्वाक्षत और आशीर्वाद की वर्षा होगी। इनका युवराज की तरह तिलक होगा। उत्सव में गूँजते संगीत में सरयू तट पर बसा साकेत आप्लावित हो उठेगा। रघुकुल की यशोगाथा वीणा पर मुखरित होने लगेगी।

तमसा का यह तटीय क्षेत्र सूना पड़ा है। महाकाल राम कथा का अन्तिम दृश्य दिखाकर अपना खेल खत्म कर चुका है। सीता के आश्रयदाता राम कथाकार महाकवि वाल्मीकि अपनी कुटिया के बाहर सारी रात शोक में डूबे खोये-खोये-से किंकर्त्तव्यविमूढ़ खड़े रह गये। वसन्त के प्रभातकालीन सौन्दर्य को देखता हुआ चाँद पीला पड़ गया। बदले हुए समय का संकेत मन में टीस उभारता रहा। बार-बार मुनि को याद आ रहा है भूमिजा सीता का अपनी पावनता का अवसाद भरा अवशेष संसार में छोड़कर धरती माँ की गोद में सदा के लिए समा जाना। कैसा लगा था उस समय, कैसे दृश्य, कैसा अनुभव··मुनि वाल्मीकि भी कुछ नहीं कर पाये। संज्ञाशून्य मूर्तिवत् खड़े के खड़े रह गये थे, एक ऐसी मानवमूर्ति के समान जिसकी दाढ़ी के कुची से शरीर के रोयें तक पर सफेदी-सफेदी कर दी गयी हो। लटका हुआ चमड़ा, पका हुआ किन्तु छरहरा बदन पत्थर ही तो हो गया था। आतंकित पशु-पक्षी, कीड़े-मकोड़े, सर्पादि सभी दूर-दूर से ही तमाशा देखते रहे, कोई पास तक नहीं फटका। वाल्मीकि के अन्दर का कवि खामोश देखता रह गया और सीता अभिनव इतिहास सिरज गयी। तब से कवि की आँखों में आँसू रुक नहीं पा रहे थे। इतना

ही नहीं, तमसा भी अपनी पीड़ा को दबा नहीं पायी।

भूम समाधि के पूर्व धरती फोड़कर फेनिल जलधारा निकलने लगी थी, चारों ओर प्रकाशमय धूल उड़ रही थी। धरती फटी थी, आकाश तक गूँज गया था और ध्यानमग्न सीता भूमि-गर्भ में अपने आप समा गयी थी। आपसे आप दरार के दोनों पाट जुड़ गये। फिर तो इस भू-कम्प का कोई चिह्न नहीं बचा था। चारों और बालू के ढेर, दस-बीस चमकते हुए पत्थर के टुकड़े कुछ पीले, कुछ मोती की चमक वाले, चन्दनगंधी कीचड़। हर्ष-विषाद का अद्‌भुत दृश्य और सुरभि से मन-प्राण भर रहा था।

वाल्मीकि की चेतना लौटने लगती है और सोचने लगते हैं कि कैसा परिवर्तन हो गया है। जो कल तक थी और आज नहीं है। हमें विवश छोड़कर चली गयी। तमसा तट पर यह उपवन, नदी का प्रवाह गूँगा हो गया, बूढ़े बरगद विषाद में डूबे हैं। पीपल के नये पत्ते भी जैसे पीड़ा में झुलस जायेंगे। अब उन्हें सँभालने वाला ही कौन रहा ! सीता के पालतू पशु फिर जंगली बन जायेंगे। हरिण के बच्चे की पीठ अब कौन थपथपा पायेगा। निश्चय ही वह भूखी बाघिन का शिकार हो जायेगा। गाय-हैमवती बीमार हो जायेगी। अपनी बछिया को दूध भी पीने नहीं देगी...सब अस्त-व्यस्त हो गया है।

वात्सल्य-विह्वल बूढ़े वाल्मीकि जैसे स्मृति शेष के संवाद से राम-कथा का उपसंहार करते हुए फूट पड़ते हैं—बेटी, अब तुम पीड़ा के परिसर से सदा के लिए निकल कर अपनी माँ की कोख में फिर समा गयी हो। वहीं चिरकाल तक विश्राम करती रहो। यह सुनकर शायद निष्काम राम को दुख न होगा। लक्ष्मण को लेकिन भारी धक्का लगेगा। लव-कुश साकेत लौट जायेंगे। यहाँ इस उजाड़ को भोगने के लिए ठूँठ की तरह मैं अकेला रह जाऊँगा। पशु-पक्षी, पेड़-पौधे, समस्त प्रकृति अनुशासन भूलकर स्वच्छन्द हो जाएँगे। ऋतुओं के स्वेच्छाचारी साम्राज्य में सूझ-बूझ और श्रम से संघटित मानव-समाज का कोई चिह्न शेष न रहेगा। शेष रह जायेंगे केवल प्राकृतिक दृश्य।

प्रकृति-प्रसंग

प्रकृति और पुरुष, प्राकृतिक परिवेश और मानव-समाज, प्राकृतिक सम्पदा और सभ्यता का विकास—आदि काल से ही इनमें अन्योन्याश्रित सम्बन्ध रहा है। आदि कवि वाल्मीकि से लेकर आज तक कवियों का काव्य प्रकृति के विविध रंग और संगीत से अछूता नहीं रहा है। आलोच्य प्रबन्ध भूमिजा में तीन प्रसंग हैं—तीनों प्राकृतिक परिवेश में रसे-बसे हैं। नागार्जुन ने रामकथा में ऐसे ही तीन अध्यायों को यहाँ संकलित किया है जो नगर सभ्यता से मुक्त वन प्रान्त में नदी-पहाड़, पेड़-पौधे, पशु-पक्षी, कोल-भील, मुनि-कुमार, वन-बालाओं के बीच ही पल्लवित, पुष्पित एवं फलित होता है। यहाँ प्रकृति के दर्पण में जीवन एवं जीवन के दर्पण में प्रकृति प्रतिबिम्बत होती दिखती है। अतः आलम्बन और उद्दीपन दोनों रूपों में प्रकृति का प्रयोग उपलब्ध है।

जहाँ प्रकृति वर्णन के उद्देश्य से प्रकृति का स्वतन्त्र चित्रण किया जाता है वह चित्र आलम्बन रूप कहलाता है। राम और लक्ष्मण मुनि विश्वामित्र के साथ सरयू पार करने की प्रतीक्षा में हैं। राम कोसल जनपद के प्राकृतिक परिवेश की ओर संकेत करते हुए कहते हैं—

सुजल सुफल बहुविध धन धान्य समेत
लता-गुल्म-तृण-तरु-वल्ली परिव्याप्त···

यहाँ प्रकृति अपने बेटों के लिए आँचल में भरे धन-धान्य लुटाती हुई माता-सी प्रतीत हो रही है तो आगे चलकर रात के अंतिम प्रहर में तमसावृत परिवेश का वर्णन आया है जिसमें 'खग, मृग, उरग सभी निंद्रा में लीन' हैं। आकाश नक्षत्रों से चित्रित है, तभी—

वृद्ध वनस्पति की लेकर वह ओट
उगा क्षीण प्रभ प्रिय दर्शन शीतांशु

कितना स्वाभाविक वर्णन हुआ है, जैसे आँखों के सामने ही यह दृश्य उकेरा जा रहा हो।

भूमिजा में महाकवि वाल्मीकि सीता की भूमि समाधि के उपरान्त चिन्तन प्रवाह में डूबते-उतराते ठगे-से खड़े हैं। रात बीत जाती है। कवि ने इस समय की प्रकृति का जीवन्त चित्रण वसन्त और शशि के माध्यम से किया है—

रात्रिशेष के वासन्तिक संकेत
निष्प्रभ शशि ने मान लिए चुपचाप

सीता की भूमि समाधि के प्रकृति के भूकम्पनयुक्त रौद्र रूप का बड़ा ही सहज वर्णन किया है—

पहले उमड़ी थी फेनिल जल राशि
मटमैली आभामय चारों ओर
हुए विदीर्ण धरा के कोमल वक्ष
कई क्षणों तक गूँज गया आकाश…

भूकम्पन समाप्त होने के बाद प्रकृति के उजाड़ स्वरूप का वर्णन करते हुए कवि ने लिखा है—

शेष बचा था वहाँ न कोई चिह्न
भूकम्पन का / मात्र बालुका राशि
छितराई थी, भास्वर था परिपार्श्व
उपल खंड दस-बीस-पचीस-पचास
चमक रहे थे, पांडुर विद्रुम-कान्ति
कहीं-कहीं पर चन्दन गंधी पंक
मन प्राणों में भरता था आमोद

पीली माटी की वो गंध गरिष्ठ
थी अपूर्व थी अद्भुत, उत्कटवास...

इस प्रबन्ध काव्य में प्रकृति के उद्दीपन रूप के यत्र-तत्र बड़े ही विलक्षण प्रयोग मिलते हैं। उद्दीपन रूप के चित्रण में मूल भाव का आलम्बन तो कोई और होता है किन्तु उस भाव को स्पष्ट (उद्दीप्त) करने के लिए तदनुकूल प्राकृतिक परिवेश का चित्र खींचा जाता है। उदाहरण के लिए—मुनि विश्वामित्र के साथ राम और लक्ष्मण को तनिक दूर चलने पर वह विकराल विपिन मिलता है जो ताड़का के उत्पात से संत्रस्त है—

पग-पग पर थे विकट झाड़-झंखाड़ !
डग-डग पर थे वृद्ध वनस्पति ठाँढ़ !
डालों से लिपटी थी मोटी बेल,
मानो अजगर दिखा रहे थे खेल !

और बढ़ने पर भाव को स्पष्ट करने के लिए कवि की यह युगल पंक्ति उल्लेखनीय है—

श्वापद उठते थे रह-रह चीत्कार !
सड़ी लाश की आती थी दुर्गन्ध !

इस विकराल विपिन में प्रवेश करने के पूर्व भी कवि ने राम के शब्दों में आकाश और पृथ्वी दोनों के क्रमशः रमणीय एवं वीभत्स रूपों का एक ही साथ प्रयोग किया है। लक्ष्मण को दिखाते हुए राम कहते हैं—

ऊपर देखो, नभ है कैसा स्वच्छ !
नीरज नील निरभ्र परम रमणीय—
ज्यों हो शरद् प्रकृति का विजय वितान
सड़ी घास की, सड़े पात की गन्ध,
अध सूखे कर्दम की गीली बास,
ध्यान खींच लाती है भू-पर ओह।"

यहाँ कवि का यह कथ्य परिवेश से स्वतः प्रतिबिम्बित हो जाता है कि कल्पना के मोहक आकाश पर दृष्टि स्थिर नहीं रह सकती, यदि नीचे धरती पर दमन की दाहकता द्रवीभूत हो रही हो। प्रकृति अपने तईं सदा आनन्द बरसाने वाली है। यह तो सुबाहु और ताड़का जैसे भोग-प्रेमी शोषक गण हैं जो प्रकृति के स्वर्ग को भय, आतंक और दैन्य के नरक में तब्दील कर देते हैं।

भूमिजा में भू-समाधि के उपरान्त वाल्मीकि, वाल्मीकि आश्रम और उस क्षेत्र की कैसी स्थिति हो गयी थी इसका आभास इन दो पंक्तियों से हो जाता है—

सूनी-सूनी तमसा की तटभूमि···
महाकाल का निर्मम क्रीड़ा क्षेत्र···

मानों इतिहास के प्रलयंकर नृत्य के उपरान्त यह हँसता-खेलता क्षेत्र श्मशान में बदल गया हो। प्रकृति और इतिहास दोनों जब विनाशकारी खेल खेलते हैं तो ऐसा ही होता है। इतिहास-परिवर्तन के समय पशु-पक्षी तक आतंकित हो जाते हैं, उनकी मनोरम गति अवरुद्ध हो जाती है। यहाँ भी उनकी डरी-डरी निरपेक्षता का कैसा सटीक वर्णन हुआ है—

आतंकित खग-मृग कृमि कीट भुजंग
दूर-दूर ही रहे न फटके पास

लेकिन तमसा के माध्यम से वह सारा क्षेत्र अपनी वेदना दबा नहीं पाता और अन्दर ही अन्दर उद्वेलित हो उठता है। अतीत की वेदना भविष्य में अवश्य ही प्रस्फुटित होती है। इसी ओर कवि का संकेत है—

प्रतनुजला तमसा कैसे तो; ओह;
प्रशमित कर पाएगी अन्तर्दाह

रघुकुल के मर्यादा रूपी समुद्र के सामने सीता की सहचरी दुबली-पतली तमसा की पीड़ा क्षीणकाय भले है, लेकिन उसकी आह जब फूटेगी तो युग बदल जाएँगे।

आधुनिक काल के कवियों द्वारा प्रकृति को सजीवता प्रदान करने के उद्देश्य

से उसके स्वरूप, गतिविधि एवं भंगिमाओं का मानवीयकरण किया है। नागार्जुन ने भी कई ऐसे सुन्दर प्रयोग किए हैं। उदाहरण--गंगा का चित्रण देवी के रूप में करते हुए कवि गंगा की वन्दना कर रहे हैं--

त्रिविध-तापहारिणि गंगे, तुम धन्य !
देवि तुम्हारी महिमा अपरम्पार !
पाकर तेरे जल कण का संस्पर्श
कट जाते हैं युग-युग संचित पाप

नदी के तट पर बालू पर बनी सीधी-तिरछी लकीरों को देखकर कवि कहता है कि नदी ने 'सिकतामय सित पर बारम्बार। ऋजु-कुटिल दोनों लिपिका व्यवहार' किया है। कोई भी प्रकृति-प्रेमी प्रकृति की इस लिपि को पढ़ने में समर्थ हो सकता है।

गौतम के आश्रम में पहुँचने पर वहाँ के प्राकृतिक परिवेश को देखकर ही मान हो जाता है; जैसे यहाँ कुछ न कुछ ऐसा घटित हुआ है जिसके अभिशाप से यह कुटिया उजड़ी हुई दिख रही है--

· · · विरल - पुष्प - फल वृक्ष
शीर्ण मूल कृमिदष्ट अकाल वयस्क
जिन्हें देखकर यक्ष्मा से आक्रांत
तरुणों का आता था बरबस ध्यान।

ये पंक्तियाँ ऐसा भाव प्रतिबिम्बित करती हैं जैसे तरुणाई का उल्लास अकाल-कवलित होकर यक्ष्मा रोगी की तरह खाँसते-खाँसते अधमरा हो गया हो। इस बिम्ब के आलेख में मूर्च्छित अहल्या की प्रतिमा का पूर्वाभास हो जाता है। ग्लानि-क्षोभ के करुण प्रतीक के रूप में यहाँ प्रकृति का एक छोटा-सा किन्तु व्यापक आभामय वाला चित्र खींचा गया है।

भूमिजा सीता भू-समाधि के पूर्व संकल्परत होती हुई मानवीय समाज से अपने को अलग करती हुई जैसे प्रकृति के महापरिवार से साधारणीकृत होती हुई घोषणा करती है कि मेरी जननी धरती माता कल अवश्य ही अपनी गोद में समेट लेगी और

तब लोग-बाग नहीं वरन्–

साक्षी होगा, यह निर्मल आकाश !
साक्षी होंगे चन्द्र - सूर्य - नक्षत्र
साक्षी होगी जह्नु-सुता की धार
मेरी जननी लेगी मुझे समेट

यहाँ परोक्ष रूप से मानवीय समाज में जड़ता एवं प्राकृतिक परिवेश में चेतना का आरोप किया गया है। और सचमुच दूसरे दिन भू-समाधि लेने के उपरान्त फटी हुई धरती इस तरह जुड़ गयी जैसे माँ अपने बच्चे को कलेजे में समा लेती है–फटी दरारें जुड़ीं आप से आप।

सीता के शोक में पूरा प्राकृतिक परिवेश विषाद से भर उठा है। अब उन्हें कौन प्यार करेगा, निरुपाय-से दिखते हैं सब के सब, मौन में डूबे–

तृण-तरु-लता···सभी तो हैं निस्पन्द
हुआ समीरण अकस्मात क्यों बन्द···
तथा
महामूक हो गया वृद्ध वटवृक्ष
जटा-जाल में सुलग उठेगी आग
कौन उसे पायेगा अभी सँभाल
झुलस न जाएँ पीपल के नव पर्ण···
होंगे क्या वे बारम्बार विवर्ण !

आगे की पंक्तियों में कवि अपने भावों को व्यंजित करने के लिए प्रकृति का प्रयोग प्रतीक रूप में कर रहा है। नागार्जुन की पंक्तियों में एक विशेषता और है कि प्रतीक रूप में प्रयुक्त होने के बावजूद उनमें मानव-स्वभावगत आत्मीयता का अभाव नहीं है।

पालित पशु भी बन जाएँगे वन्य
खुजलाया है तुमने ग्रीवामूल

सहलाई है तुमने उसकी पीठ
वह हिरनौटा वह प्यारा चित्रांग
होगा निश्चय बाघिन का आहार
हो जाएगी हैमवती बीमार
बछिया को क्या पीने देगी दूध…

कवि के कहने का तात्पर्य यह है कि पृथ्वी-पुत्री सीता की समाधि के उपरान्त सहज-स्नेह वह अनुशासन का सिलसिला भंग हो जायेगा। लालन-पालन में प्रेम की जगह कठोरता आ जायेगी। निश्छलता रूपी हिरनौटा को प्रपंच रूपी बाघिन खा जायेगी। शुद्ध स्वर्ण की तरह दिखने वाली उर्वरा पृथ्वी बंजर और बाँझ हो जायेगी। माँ के रहते बच्चे टूअर से लगने लगेंगे। कवि का इशारा है कि लव-कुश के माथे पर अब माँ का आँचल न रहेगा। वे साकेत चले जाएँगे और उनके हाथों में प्रकृति की मधुर वीणा की जगह कठोर राजदण्ड आ जाएँगे।

प्रकृति का सुन्दरतम प्रयोग कवि नागार्जुन ने उपगान रूप में किया है। जब वे मूल विषय को स्पष्ट करने के लिए प्रकृति के उपादानों से उनका सादृश्य या वैषम्य प्रदर्शित करते हैं। उदाहरण के लिए, जब राम और लक्ष्मण विश्वामित्र के साथ जा रहे हैं, उन्हें अपनी माताओं के मुँह ऐसे याद आ रहे हैं मानो वे "शिशिर निशा में हिमाच्छन्न शशि तुल्य" हों। वसन्त की कल्पना में डूबे शिशिर के चाँद को जैसे अकस्मात् पाला-कुहासे ने घेर लिया हो। ऐसी ही भावात्म स्थिति माताओं की हो गयी है।

अहल्या राम के कर-कमलों का स्पर्श पाकर अभिशाप-मुक्त हो जाती है। उसकी चेतना भी आ गयी है। राम उन्हें विश्वास दिलाते हुए कहते हैं कि आप निष्प्राण नहीं हुई थीं। ऊपर से चेतना-शून्य लग रही थीं। कवि 'अन्तः सलिला मरुभूमि' से मूर्च्छित अहल्या का सादृश्य दिखाते हैं। मरुभूमि ऊपर से रस शून्य दिखती है किन्तु कहीं-कहीं ऐसा भी स्थल मिलता है जहाँ नीचे-नीचे जल की धारा प्रवाहित मिलती है।

भूमिजा में सीता अपने दोनों बच्चों के विषय में सोच रही है कि वे कितने ग्रहणशील-बुद्धिमान और बलशाली हो गये हैं किन्तु अपनी माँ के विषय में सोचकर ऐसे उदास हो जाते हैं जैसे–

लगता है मुख राहु ग्रस्त शशि तुल्य
क्लेशांकित वे बुझे-बुझे से नेत्र
तुहिन दग्ध, कुवलय होते हैं ओह !

उनका मुख चाँद की तरह सुन्दर एवं प्रभावपूर्ण है किन्तु जैसे ग्रहण में पड़ गये हों। खिले हुए कमल-नेत्र जैसे दुःख के हिमपात से कुम्हला गये हों।

इस प्रबन्ध काव्य की नायिका भूमिजा सीता प्रकृति की ऐसी देवी है जो प्रकृति की कोख से उत्पन्न होती है, प्रकृति की गोद में विकसित होती है और अन्त में प्रकृति में ही समाहित हो जाती है। काव्य का अन्त इस तरह होता है जैसे कवि की लेखनी का प्रवाह प्रकृति की अनन्तता में एकाकार हो गया हो जहाँ प्रकृति की व्यापकता के अलावा और कुछ भी शेष न रहा हो—

ऋतुओं का स्थापित होगा फिर राज्य
कहीं नहीं दिखेंगे पर्ण कुटीर
सूझ-समन्वित श्रम का कोई चिह्न
शेष न होगा / होगा प्राकृत दृश्य

चर्चित पात्र प्रसंग

सीता

सीता–वेदों के अनुसार सीता कृषि की अधिष्ठात्री देवी तथा कई मन्त्रों की देवता है।

मिथिला नरेश सीरध्वज जनक की पुत्री, जो श्री रामचन्द्रजी को ब्याही गई थी, वह जुती हुई भूमि से उत्पन्न हुई थी, इसीलिए सीता कहलायी।

वाल्मीकि रामायण के अनुसार मिथिला प्रदेश के राजा जनक के राज्य में एक बार अकाल पड़ने लगा। वे स्वयं हल जोतने लगे। तभी पृथ्वी फोड़कर सीता निकल आयी। जव राजा बीज बो रहे थे तब सीता को धूल में पड़ी पाकर उन्होंने उठा लिया। उसी क्षण राजा ने आकाशवाणी सुनी–'यह तुम्हारी धर्म कन्या है।' उस समय तक राजा की कोई सन्तान नहीं थी। राजा ने उस कन्या को पुत्रीवत् मानकर अपनी बड़ी रानी को सौंप दिया। किशोरी सीता के लिए योग्य वर प्राप्त करना कठिन हो गया क्योंकि सीता ने मानव-योनि से जन्म नहीं लिया था। अन्त में राजा जनक ने सीता का स्वयंवर रचा। एक बार दक्ष यज्ञ के अवसर पर वरुण देव ने जनक को एक धनुष और बाणों से आपूरित दो तरकश दिये थे। वह धनुष अनेक लोग मिलकर भी हिला नहीं पाते। जनक ने घोषणा की कि जो मनुष्य धनुप उठाकर उसकी प्रत्यंचा चढ़ा देगा उससे सीता का विवाह कर देंगे।

जव राम ने अश्वमेध यज्ञ किया, उस समय लव और कुश को वाल्मीकि ने रामायण सुनाने के लिए भेजा। राम ने मोदभाव से वह चरित्र सुना। प्रतिदिन वे दोनों बीस सर्ग सुनाते। उत्तरकांड तक पहुँचने पर राम ने जाना कि वे दोनों बालक राम के पुत्र हैं। राम ने सीता को कहलाया कि यदि वे निष्पाप हैं तो सभा में आकर अपनी पवित्रता प्रकट करें।

वशिष्ठ ने राम से कहा–'हे राम, मैं वरुण का दसवाँ पुत्र हूँ। जीवन में मैंने कभी झूठ नहीं बोला। ये दोनों तुम्हारे पुत्र हैं। यदि मैंने झूठ बोला हो तो मेरी तपस्या का फल मुझे न मिले। मैंने दिव्य दृष्टि से उसकी पवित्रता देख ली है।'

सीता ने जब यह सुना तो हाथ जोड़कर नीचे मुख करके बोली–'हे धरती माँ ! यदि मैंने मन में भी कभी राम के अतिरिक्त किसी की चिन्ता की हो तो धरती फट जाय और मैं उसमें समा जाऊँ।' जब सीता ने यह कहा तब नागों पर रखा एक सिंहासन पृथ्वी फाड़कर बाहर निकला। सिंहासन पर पृथ्वी देवी बैठी थीं। उन्होंने सीता को गोद में बिठा लिया। सीता के बैठते ही वह सिंहासन धरती में धंसने लगा।

राम

वाल्मीकि के अनुसार राम त्रेता युग में कौशल्या के गर्भ से उत्पन्न अयोध्या के राजा दशरथ के बड़े पुत्र थे। उन्हें भगवान विष्णु का सातवाँ अवतार माना गया है और सीता को लक्ष्मी का। वशिष्ठ मुनि की देखरेख में इन्होंने शिक्षा पायी थी। बाल्यावस्था में ही विश्वामित्र के यज्ञ की रक्षा करते समय इन्होंने अनेक राक्षसों–ताड़का, सुबाहु आदि को मारा था। इसके पश्चात् वे विश्वामित्र तथा अनुज लक्ष्मण के साथ जनकपुर गये, जहाँ शिवजी का धनुष तोड़ सीता से ब्याह किया।

लक्ष्मण

दशरथ के चार पुत्रों में से दूसरे का नाम, जो सुमित्रा से उत्पन्न हुए थे। जब राम का विवाह सीता से हुआ था तभी इनका भी विवाह सीरध्वज जनक की औरस जात पुत्री उर्मिला के साथ हुआ था। वे स्वभाव के बड़े भक्त थे। लक्ष्मण ने राजकीय सुखों को त्यागकर वनवास काल में भी बड़े भाई राम का साथ दिया था। सीता की अग्नि-परीक्षा के समय राम की आज्ञा से इन्होंने ही चिता रचाई थी। इसी तरह लांछित सीता को राम की आज्ञा से लक्ष्मण ने ही तपोवन पहुँचाया था। वे बहुत तेजस्वी, वीर, शुद्ध चरित्र के थे। पुरणानुसार लक्ष्मण शेषनाग के अवतार माने जाते हैं।

कुश और लव

कुश और लव राम तथा सीता के जुड़वाँ बेटे थे। लोक-अपवाद के भय से राम ने सीता को गर्भावस्था में ही वन भेज दिया था। दोनों का जन्म वन प्रान्तर स्थित वाल्मीकि आश्रम में हुआ था। इन दोनों का लालन-पालन वहीं हुआ। जब वाल्मीकि के द्वारा कठस्थ कराये गये रामायण का गान इन्होंने राम की सभा में किया तब राम ने उन्हें पहचाना था। सीता द्वारा भूमि-समाधि लेने के उपरान्त जब राम ने वानप्रस्थ का निश्चय कर भरत का राज्याभिषेक करना चाहा तो भरत तैयार नहीं हुए। अतः दक्षिण कोसल प्रदेश में कुश तथा उत्तर कोसल में लव का अभिषेक किया गया।

वाल्मीकि

भृगुवंश में उत्पन्न तथा प्रचेता के वंशज मुनि वाल्मीकि आदि कवि माने जाते हैं। तमसा नदी (आधुनिक टोंस) के तट पर इनका आश्रम था। दूसरी मान्यता के अनुसार बिहार के चम्पारण जिलान्तर्गत भैंसालोटन ग्राम में भी इनका आश्रम माना गया है। इसका आधुनिक घोषित नाम वाल्मीकि नगर है। लोकापवाद सुन राम ने जब सीता को वनवास दे दिया था, उस समय वाल्मीकि ने ही उन्हें अपने आश्रम में रखा था। वहीं कुश और लव ने जन्म लिया और मुनि से शिक्षा-दीक्षा पायी थी।

पहले वे एक डाकू थे। अत्रि ऋषि की कृपा से इन्हें ज्ञान प्राप्त हुआ और तेरह वर्षों तक राम नाम जपकर सिद्धि प्राप्त की थी। तेरह वर्षों के वाद जब सप्तर्षि उधर से निकले और इनके ऊपर जमी बाँबी (वल्मीक) देखी तो बोल उठे--तुम दीर्घकाल तक वल्मीक में दबे बैठे रहे हो अतः तुम वाल्मीकि नाम से विख्यात होओगे।

नेपाल के त्रिवेणी नामक स्थान पर 14 जनवरी को इनकी जन्म-तिथि मनाई जाती है।

विश्वामित्र

पुरुवंशी महाराज गाधि के पुत्र, प्रसिद्ध ब्रह्मर्षि जो क्षत्रिय होते हुए भी अपने

तपोबल से ब्रह्मर्षि में परिणित हुए थे। पुराणों में इनके सम्बन्ध में अनेक कथाएँ भरी पड़ी हैं। इनके आश्रम में रावण के अनुसार मारीच और सुबाहु बराबर विघ्न उपस्थित कर यज्ञों को दूषित कर देते थे। अतः विश्वामित्र राम और लक्ष्मण को अयोध्यापति दशरथ से माँग लाये। दोनों भाइयों ने ताड़का आदि का वध कर डाला था। इन्हीं के आदेश से राम ने गौतम पत्नी अहल्या का उद्धार किया था। विश्वामित्र के कहने पर राम और लक्ष्मण मिथिला गये जहाँ उनका विवाह सम्पन्न हुआ। महर्षि विश्वामित्र का पूरा जीवन परोपकार में व्यतीत हुआ।

गौतम

राजा जनक के पुरोहित शतानन्द के पिता का नाम। इन्हें गोतम और गौतम दोनों ही कहा गया है। इनकी पत्नी का नाम अहल्या तथा पुत्री का नाम विजया था।

ब्रह्मा ने अमित प्रजा की रचना के उपरान्त एक अतीव सुन्दरी की रचना की। उसकी रचना में विरूपता नहीं थी, अतः वह अहल्या कहलायी। ब्रह्मा ने उसका विवाह गौतम मुनि से कर दिया। इन्द्र भी इस सुन्दरी से विवाह के लिए इच्छुक थे। कामाधीन इन्द्र ने गौतम का रूप धारण करके उसके साथ विहार किया। गौतम ने क्रुद्ध होकर इन्द्र को शाप दिया—'हे इन्द्र, तूने पराई स्त्री से भोग करने की प्रथा चलायी है अतः यह मनुष्य-लोक में फैल जायेगी। तूने जघन्य काम किया है, इसलिए तू युद्ध में परास्त होगा और बन्दी बनकर शत्रु के पास पहुँचेगा।' गौतम ने अहल्या को भी शाप दिया कि उसका रूप प्रजा में बँट जाय। वह आश्रम के पास ही नष्ट हो जाय; क्योंकि उसके साथ धोखे से संभोग किया गया था। अतः अहल्या को उन्होंने इतनी छूट दी थी कि जब विष्णु राम के रूप में विश्वामित्र की आज्ञा से उसका स्पर्श करेंगे तो वह निष्पाप हो जायेगी।

अहल्या

मुदगल की पुत्री, गौतम ऋषि की पत्नी तथा शतानन्द की माता। इन्हें गोतमी भी कहा गया है। इनके भाई का नाम दिवोदास था। ब्रह्म-पुराण के अनुसार ब्रह्मा ने अहल्या की रचना की थी और उसे गौतम को दे दिया था।

अहल्या का उद्धार कहाँ हुआ था, इस सम्बन्ध में दो स्थानों का जिक्र होता

है। एक स्थान है वाराणसी-छपरा रेलवे लाइन पर रिविलगंज (बिहार) स्टेशन, जिसका पुराना नाम गोदना है, यहाँ गौतम ऋषि का आश्रम था। कहा जाता है कि यहाँ अहल्या का उद्धार हुआ था।

दूसरी जगह है बिहार के दरभंगा जिलान्तर्गत कमतौल रेलवे स्टेशन। इसके पास अहल्या स्थान है। मान्यतानुसार गौतम ऋषि का आश्रम यहाँ था और अहल्या-उद्धार यहाँ हुआ था।

त्रिजटा

रावण की बहन। त्रिजटा अशोक वाटिका में सीता के साथ आत्मीय भाव से जुड़ गई थी।

रावण ने सीता को अशोक वाटिका में रख दिया था। वहाँ अनेक राक्षसियाँ नियुक्त थीं, जो सीता को डरा-धमकाकर रावण की सहचरी बनाना चाहती थीं। उन्हीं में से एक त्रिजटा भी थी, जो सदैव सीता को एकान्त में सांत्वना देती रहती थी। उसने सीता को बताया कि रावण उसके साथ अनाचार नहीं करेगा, क्योंकि कामुक रावण ने अपनी पुत्र-वधू-तुल्य नलकूबर की पत्नी रंभा का स्पर्श किया था। नलकूबर ने उसे शाप दिया, जिसके कारण नारी की इच्छा के बिना रावण उसका स्पर्श नहीं कर पायेगा। त्रिजटा ने यह भी बताया कि राम के हितचिन्तक राक्षस अविंध्य ने उसके माध्यम से सन्देश भेजा है कि राम-लक्ष्मण, सुग्रीव के साथ शीघ्र ही रावण से युद्ध करने के लिए आ रहे हैं।

धन्वन्तरि

देवताओं के वैद्य। समुद्र-मंथन में लक्ष्मी, चन्द्रमा आदि के साथ उत्पन्न हुए थे।

भागीरथ

सूर्यवंशीय राजा दिलीप के पुत्र। भागीरथ की तपस्या से सन्तुष्ट होकर ब्रह्मा ने उन्हें वर दिया था, जिससे कपिल के शाप से भस्म उनके साठ हजार प्रपितामह गंगाजल से पवित्र होकर स्वर्गवासी हुए थे। इस हेतु उन्होंने गंगा को स्वर्ग से धरती पर उतारा था। विन्दुसर के तट पर घोर तप करके गंगा पृथ्वी पर लाये थे भागीरथ।

उनके नाम पर गंगा का नाम भागीरथी भी है।

सगर

अयोध्या के प्रसिद्ध सूर्यवंश के एक राजा। राजा बाहु की छोटी रानी के गर्भ से पिता की मृत्यु के पश्चात् उत्पन्न हुए थे। बाहु की बड़ी पत्नी ने गर्भवती छोटी रानी को विष दे दिया था। यह गद् विष के साथ उत्पन्न हुए अतः सगर नाम पड़ा। इनकी दूसरी रानी सुमति के गर्भ से साठ हजार पुत्र हुए और सबके सब दुष्ट निकले। इन सबको कपिल मुनि ने अपमानित कर शाप से भस्म कर दिया था।

शब्द-अर्थ

सैकत तट=बालू वाला किनारा
रघुकुल कमल दिवाकर=महाराज रघु के कुल (खानदान) में जन्म लेने वाले कमल स्वरूप व्यक्तित्वों को उत्फुल्ल करने वाले (खिलाने वाले) दिवाकर (सूर्य)
सुमित्रानन्दन=सौमित्र (लक्ष्मण) सुमित्रा के पुत्र
तात=दादा, अपने प्रिय जनों के लिए सामान्य संबोधन
सीमान्त=सरहद की रेखा
शूर=बहादुर
मागध=मगध के निवासी
उपधान=तकिया
दंड प्रलम्बित=डंडे की तरह सीधे लेटे हुए
कटि=कमर
मध्याह्नोत्तर=दोपहर के बाद
झिपती=झपकी लेना
उद्यत=हर तरह से तैयार
वत्स=(बछेड़ा) बच्चा, बबुआ
स्वजन समागम=अपने लोगों से मिलना
हन्त=हर्ष, खेद, विषाद, अनुकंपा, आश्चर्यादि का सूचक शब्द
कोसल जनपद=अवध प्रदेश
सुजल=नदी एवं वर्षा के जल से सिंचित भूमि, सुन्दर जल वाला
सुफल=सुन्दर फल वाला, जहाँ सुन्दर-सुन्दर फल पैदा होते हैं
बहुविध=नाना प्रकार के
धन-धान्य=सम्पत्ति और अनाज
लता=जमीन या किसी आधार पर फैलने वाला पौधा, बेल, कोमल शाखा
गुल्म=लताओं का गुच्छा
तृण=तिनका
तरु=वृक्ष
वल्ली=वल्लरी से लिपटी हुई लता
परिव्याप्त=भरी हुई
अभिसिंचित=पवित्रता से सिंचा हुआ
स्फीत=फैला हुआ
सुर=देवता
नर=मानव
मुनि=मनस्वी, ऋषि
मनमोहन=मन मोहने वाला

परम ललाम=अति सुन्दर, अति कमनीय
उर्वर=उपजाऊ
क्लेश=दुःख
विह्वलता=अकुलाहट
अभिभूत=एकाकार, अनन्य होना, खो जाना
चराचर=चर-अचर, जंगम-स्थावर, सचल-अचल
किंवा=अथवा
त्रिभुवन=त्रिलोक, धरती, आकाश और पाताल
गाधि-पुत्र=राजा कुशिक के पुत्र गाधि के बेटे कुशिक वंशीय कौशिक विश्वामित्र
रुचिकर=मनोनुकूल
देश काल पात्र=स्थान, समय और लोग
तथ्य=जानकारी, असलियत
आख्यान=कहानी
अभिजन=बंधु-बांधव
सजल स्निग्ध=आँसुओं से भीगे हुए
शिशिर=छः ऋतुओं में एक (माघ-फाल्गुन का महीना)
हिमाच्छन्न=तुषारावृत
तुल्य=समान
मर्मान्तक=दिल को छू लेने वाला, हृदय को आघात पहुँचाने वाला
तरुण-सुलभ=नवयुवकों को भाने वाला
कौतूहल=उत्सुकता जगाने वाला, कुतूहल
हेतु=कारण
अभिराम=सुन्दर
कर-पल्लव=हाथ रूपी पल्लव
संकेत=इशारा
तत्क्षण=तुरन्त, उसी समय
शतदल=सौ पंखुरियों वाला फूल (कमल)
श्वास क्रम दीर्घ=साँस तेज चलने लगी
नासापुट=नाक का बाहरी हिस्सा
निस्तेज=मुरझाया हुआ
कपोल=गाल
अग्रज=बड़ा भाई
निःशब्द=खामोश
हंसाकृति=हंस जैसा ढाँचे वाला
आरूढ़=चढ़े हुए, सवार
सुरसरि=गंगा
महात्म=महिमा कथा
भू=पृथ्वी
कपिल-कोप-परिदग्ध=कपिल मुनि के क्रोध से भस्म हुए
सगर सन्तान=राजा सगर के पुत्रगण
भागीरथी=गंगा
समग्र=समूचा
विनिःसृत=विशेष रूप से निकला हुआ
सुधा=अमृत
पुण्य प्रवाह=पुण्य देने वाली नदी
आचमन=पूजा आदि के पहले शुद्धि के लिए हथेली पर जल लेकर पीना

स्तवन=स्तुति, प्रार्थना
त्रिविधि-तापहारिणि=तीन प्रकार के ताप को मिटाने वाली
संस्पर्श=पूर्ण संसर्ग
युग-युग संचित=जमाने के बटोरे हुए
दरस-परस=दर्शन-स्पर्श
अवगाहन=डुबकी लगाना
मज्जन=मलना (स्नान, नहाना)
क्षुधित=भूखा
अंक=गोद
जग-जननी=लक्ष्मी
पंक=कीचड़
अम्ब=माता
साक्षी=गवाह
सांजलि=अँजुरी भरकर
पाणि युग=दोनों हाथ
नत शीर्ष=शीश झुकाकर
दिगन्त=दिशाएँ
निर्मेघ=बादल रहित, साफ, निरभ्र
नीरज नील=जल की तरह नीला, नीले जल की तरह
विजय वितान=जीत की खुशी, स्वागत बिछी चादर
रमणीय=सुन्दर
कर्दम=कीचड़
वास=गंध
खुर-कंटक=खुरों की छापवाले कड़े सूखे काँटे। वे पैरों के तले बुरी तरह गड़ते हैं, इसीलिए खुर-कंटक कहलाते हैं।
खुर=छुरी की तरह तेज, पशुओं के नख
चपल=चंचल
सिकतामय=बालू से भरा हुआ, बालुकामय
सित-पट=उजली परत
ऋजु=सीधा
कुटिल=टेढ़ी
निवृत=शौचादि क्रिया से मुक्त होकर
विपिन=जंगल
बेल=लता
अविरत=लगातार
श्वापद=श्वान, कुत्ता
महारण्य=महावन, बड़ा जंगल
चेता दी गई=प्रज्वलित कर दी गई, जला दी गई
व्यालू=रात का भोजन
क्लांति=थकावट
दाशरथि=दशरथ के पुत्र
वृत्तान्त=पूरा हाल
पांथ=पथिक, बटोही
दुर्गम=जहाँ आना-जाना कठिन हो
कानन=वन, उपवन
कान्तार=गहन वन, दुर्गम पथ
मंथर=धीमा, मन्द
अशुचिपूति=गंदगी से पुती हुई
अमेध्य=मूढ़ता भरा, निषिद्ध
अवद्य=नहीं कहने योग्य, अवाच्य
भक्ष्य=खाने योग्य

तमसावृत=अन्धकार से घिरा
अगजग=सार-असार, संसार
निस्पन्द=शान्त, बिना कम्पन के
उरग=सर्प
नक्षत्रखचित=तारों से चित्रित
अमित=अनेक
रजनीचर=निशाचर, उल्लू, चमगादड़ आदि
शीतांशु=शरत का चन्द्रमा
पाषाणी=कठोर, पत्थर की बनी नारी
मीन=मछली
निश्चेष्ट=स्थिर
संपुटित अंजलि=ढक्कन वाला गोल छोटा डिब्बा सम्पुट कहलाता है···जुड़ी हुई अंजलि सम्पुटित अंजलि कहलाएगी।
प्रणतशीश-संलग्न=झुके माथे से सटा हुआ
तव=तुम्हारा
तृप्त=सन्तुष्ट
विप्रकुल=ब्राह्मण वंश, ब्राह्मण पीठ
केतु=केत्तन, छत्र, पताका
निवाड़=पुआल नेवाड़ी
शून्यप्राय=सूना-सूना
वल्कल=छाल का परिधान
विरल=बहुत कम मिलने वाला
शीर्णमूल=सड़ी हुई जड़ वाला
क्रमिदष्ट=कीड़ों से खाया हुआ (कुतरा हुआ)
यक्ष्मा=क्षय रोग, तपेदिक
आक्रान्त=ग्रस्त, पीड़ित
भू लुंठित=जमीन पर पड़ी हुई
ग्लानि-क्षोभ=लज्जा और दुख
हतप्रभ=मूर्छाना, जिसकी कांति क्षीण हो गयी हो
स्थिरमति=शान्त चित्त
रत्नजटित=रत्नों से जड़ा
केयूरवलय=बाहु और हाथ का बाला
दीप्त=चमकता
निरनिमेष=एकटक, स्थिर
अवलोकन=देखना
कौशल्यानन्दन=राम
यातुधान=मायावी राक्षस
शिलीभूत=अभिशाप से जड़ हो गया हो
दृग कूप=आँख रूपी कुएँ
असुर=दानव
क्रूर=निर्मम
क्षणमति=अल्पसोची
गन्धर्व=यक्ष, अलकापुरी के वासी
दुर्विदग्ध=छिछले ज्ञानवाला, जो थोड़े ज्ञान से फूल गया हो, गर्वित
संशयी=शक्की
धन्वन्तरि=आदि वैद्य
पूर्णहुति=समाप्ति
सुचीर समीहित=पूर्व से निर्धारित
याग=यज्ञ
आणिमादि=अणिमा आदि आठ सिद्धियाँ (अणिमा, महिमा,

लघिमा, गरिमा, प्राप्ति, प्राकाम्य, ईशित्व, पशित्व)
अर्यमा=सूर्य, बारह आदित्यों में एक
प्रजापति=ब्रह्मा
प्रकृतिस्थ=स्वाभाविक स्थिति, स्वस्थ
गौतमदार=गौतम ऋषि की पत्नी
परनर दूषित=पर-पुरुष संसर्ग से बदनाम
पुंश्चलि=कुलटा
कुलिश=वज्र
संपृक्त=सम्पर्क में
खरतर=तीक्ष्ण, तेज
स्मरशरविद्ध=कामदेव के वाणों से विंधा हुआ
जर्जर तन=बूढ़ा शरीर
उद्‌भ्रान्त=बावला, पागल
स्मतिमुखी=हँसमुख नारी
कोंढ करेज=कलेजा
अनिरुद्ध=अवरुद्ध
भग्न दीपिका=टूटा हुआ दीया
चिर अवहेलित=वहुत दिनों से उपेक्षित
उत्तरीय=अंगवस्त्र, ओढ़नी, दुकूल
कुलकेतु=वंश-ध्वज
अन्तःसलिला=भूमि के नीचे वहने वाली नदी
इतर सामान्य=असाधारण
कलुष-लवलेश=कालिमा का तनिक भी छाया
धमनी=शुद्ध रक्तवाहिनी
सन्तत=फैला हुआ
गात्र=शरीर का चमड़ा
धमनी संतत गात्र=दुर्बलता के कारण जिस शरीर पर नसों की जालियाँ कढ़ी हुई नजर आएँ। अति कृश, सूखी एवं हड्डियों का ठट्ठर-सी दिखाई देने वाली काया
नाना दिग्देशीय=विभिन्न दिशाओं और देशों से
अनाघ्रात=बिना सूँघा हुआ
अस्पृष्ट=अनछुई
उपालम्भ=उलाहना
एकपत्नी व्रतशील=एक पत्नी पर रहने वाला, आजीवन एकपत्नी धर्मी
वृत=पौधा
संश्लिष्ट=जुड़े हुए
क्रय कीत=खरीदी हुई
भावाविष्ट=भावावेश में आतुर
अश्लेष=जकड़ना
रत्न-प्रसविनी=रत्नों को जन्म देने वाली
बद्धांजलि=जुड़े हुए हाथों वाला
नतमूर्ध=मस्तिष्क झुकाए हुए
अनुगत=पीछे-पीछे
भूमिजा=भूमि से जन्मी
पावनता=पवित्रता
शील=चाल-चलन
गुह्य=गोपनीय, रहस्यमय, छुपी हुई
शुचिता=सफाई, स्वच्छता
ओज=प्रभा, तेज

जन-भीति=लोकभय
दंभ=अभिमान
साडम्बर=दिखावा भरा, कर्मकांडपूर्ण
नारी-मेध=ऐसा यज्ञ जिसमें नारियों की बलि दी जाए
अयोनिज=जिसका जन्म नारी कोख से नहीं हुआ हो
अभिजात=कुलीन
अवदात=उज्ज्वल
औरस=विवाहित पत्नी से उत्पन्न सन्तान
गात=बदन, देह
हलधर=किसान, बलराम
हतवेग=ठमका हुआ, जिसका वेग टूट गया हो, गतिहीन
धाई=बच्चों की देखभाल करने के लिए नियुक्त स्त्री
नृपति=राजा
दिव्य=स्वर्गिक
बीहड़=निर्जन, दुर्गम
चारण=यात्री, घूम-घूम कर पद गाने वाले (भाट)
निसर्गप्रिय=प्रकृति के प्यारे, प्रकृति-प्रेमी
लेखे=लिए, तुल्य
सिंह-शावक=शेर का बच्चा
सर-सरिता=तालाब और नदी
विक्रम अर्जित=ताकत की तेज से हासिल किया हुआ
गिरिजन=पहाड़ पर रहने वाले
उपायन=भेंट, उपहार
विमुग्ध=विमोहित, न्यौछावर हुए से
वाचा शक्ति=वाक्पटुता
भू-परिक्रमा=विश्व - प्रदक्षिणा, सारे संसार का चक्कर
अभिनव=बिल्कुल नया, पुराने जैसा ही एक दूसरा
दलन=विनाश, दबाना, चूर-चूर करना
वनादेश=वन जाने का आदेश
उद्विग्न=क्षुब्ध, परेशान
संक्रमित=लादा हुआ, प्रवेश कराया हुआ
पुत्र-विछोह=बेटे से अलग होने का दुख
विधेय=करने योग्य, प्रदर्शित करने योग्य कर्म
जन-मन-रंजन=सामान्य लोगों को सुख देना
नरपति=राजा
आचार=चारित्रिक नियम, व्यवहार
व्यतिरेक=अतिक्रमण, अलग
निर्वासित=देश निकाला हुआ
मूर्च्छाप्राप्त=बेहोश
भूमिसुता=धरती की बेटी
अन्तर्धान=छुप जाना, अदृश्य हो जाना
जह्नुसुता=गंगा। जब गंगा भागीरथ की तपस्या के द्वारा स्वर्ग से इस धरा पर लाई गई तो मैदान में आकर उसने राजा जह्नु की यज्ञ भूमि को पानी में डूबो दिया। जह्नु ने

क्रुद्ध होकर गंगा को पी डाला। भागीरथ ने उनके क्रोध को देवता और ऋषियों की मदद से शान्त किया। तब प्रसन्न होकर जह्नु ने गंगा को अपने कानों द्वारा बाहर निकालने की स्वीकृति दी। इसीलिए गंगा को जह्नु की पुत्री समझा जाता है।

कल्प=सृष्टि की अवधि का माप, चार युगों का काल

मन्वन्तर=एक मनु के अन्त के बाद दूसरे मनु के जन्म के बीच का काल

प्रवाद=अफवाह

स्वेच्छा संयत=स्वयं अनुशासित

प्रमाद=घमंड

सम=बराबर

वत्सलता=बच्चों के प्रति स्नेह

स्रोत=धार

नवजात=तुरंत का पैदा हुआ, नये जन्मे हुए

अनुप्राणित=जीवित

करुणा विगलित=ममता और दया से पसीजा हुआ

तापसी=तपस्विनी, ऋषि कन्या

मृग-छौना=हरिण का बच्चा

शवर=जंगली जाति

मधुमितभाषी=मीठा और कम बोलने वाला

अचपल=शान्त

त्वरित=शीघ्र, जल्दी

दैन्य=दीनता

राहुग्रस्त=ग्रहण लगा हुआ

क्लेशांकित=पीड़ा की छाया के लिए

तुहिनदग्ध=पाला लगने से जले-जले से, पथराये हुए

कुवलय=कमल

कनकाभ=सुनहली चमकवाला

कृष्णाजिन=काले मृग का चर्म

चित्रांक=बूटेदार चित्रों वाला

पदत्राण=पादुका, खड़ाऊँ

नलिनविलोचन=कमलनयन, जिसके नेत्र कमल के समान हों

विधुमुख=चन्द्रमा के समान मुख वाला, शशि मुख

आयतकर्ण=बड़े-बड़े कान

शंख ग्रीव=कम्बुकंठ, शंख के समान गर्दन वाला

वृथुवक्ष=चौड़ी छातीवाला

त्रुटिमार्जन=भूल-चूक का परिष्कार

विनत बदन=बदन झुकाये, झुके-झुके से

यमज=जुड़वाँ

रात्रिशेष=रात का अन्तिम प्रहर

वन्या=बाढ़

कामरूपिणी=इच्छा के अनुसार अपना रूप बदलने वाली स्त्री

तमसा=एक नदी

विषाद निमग्न=दुःख में डूबा हुआ
वासंतिक संकेत=वसंत की रंगीनियों के चिह्न
सात्विक=पावन, पवित्र, सदाचारयुक्त
महाकाल=शिव, प्रलयंकर, रुद्र
श्मश्रु=दाढ़ी
कूर्च=पटसन की कूची
कूर्चधवलित=सफेद पकी दाढ़ी, जो पटसन की सफेद कूची की तरह हो
स्थावर=अचल, लोथ हुए से
मनुरूप=मनु के समान स्वरूप वाला, तेजस्वी, मानवीय आकृति मात्र
चर्मसार=चर्म पींड, पसीने से भीगा झुर्रीदार चमड़े का पुतला, पसीना
प्रलंबित गात्र=लटकी हुई काया
संज्ञाशून्य=निष्प्राण
खग=पक्षी
कृमि=केंचुआ
भुजंग=सर्प
सिरज गई=पैदा कर गई, बना गई, गढ़ गई
अविरल=लगातार
प्रतनुजला=पतली धारावाली नदी
प्रशमित कर पायेगी=दबा पायेगी
अन्तर्दाह=दिल की जलन, मनस्ताप
फेनिल जलराशि=झाग से भरी बाढ़, सैलाब
विदीर्ण=फटा हुआ, दरार

अन्तर्लीन=अन्दर समा जाना
स्वयमेव=खुद ही, स्वयं, अपने आप
अवसान=अन्त, समाप्ति, इति
भास्वर=प्रकाशित, तेजोमय, प्रभामंडित
परिपार्श्व=अगल-बगल
उपल खंड=ओले, पत्थर के टुकड़े
पांडुर=पीयराया, शुक्ल पीत मिश्रित रंग
विद्रुम=मूँगा, प्रवाल
चन्दन गंधी पंक=चन्दन के समान महकने वाला कीचड़
गंध गरिष्ठ=असहनीय गंध
उत्कट वास=दुसह्य (तेज) गंध
समीरण=मन्द पवन, बयार
पुलिन-द्रुम=नदी किनारे के वृक्ष
शोकान्तक=दुख दूर करने वाला, चिन्ता मिटाने वाला
महामूक=बिल्कुल खामोश, पूर्ण मौन
पर्ण=पत्ता
विवर्ण=वर्णहीन, श्रीहत
वन्य=जंगली
ग्रीवामूल=गर्दन की जड़
हिरनौटा=हरिण का बच्चा
चित्रांग=चीतल (हरिण)
हेमवती=धौली (गाय)
मातृकुक्षि=माँ की कोख
निर्विकल्प=अनन्त काल के लिए
परिताप=पश्चात्ताप
संरक्षित=धरोहर जैसा
प्राकृत=नैसर्गिक

●●●